숲의 기억

숲의 기억

초판 1쇄 인쇄 2022년 8월 01일
초판 1쇄 발행 2022년 8월 11일

신고번호　제313-2010-376호
등록번호　105-91-58839

지은이　　박유진
발행처　　보민출판사
발행인　　김국환
기획　　　김선희
편집　　　손명희
디자인　　김민정

주소　　　서울시 강서구 마곡서로 152, 두산타워 A동 1108호
전화　　　070-8615-7449
사이트　　www.bominbook.com

ISBN　　　979-11-92071-78-7　　03800

- 가격은 뒤표지에 있으며, 파본은 구입하신 서점에서 교환해드립니다.
- 이 책은 저작권법에 의하여 보호를 받는 저작물이므로 무단 전재와 복사를 금합니다.

숲의 기억

박유진 산문/시집

서문

숲을 그리며

2008년에 산문·시집 「나무들의 숲」을 내면서 나름 소중하게 쓴 글들을 담았었다. 다시 인쇄를 할 일이 생겨 처음 책대로 발간하려다가 일부는 부분적으로 고쳐서 싣고, 나머지는 여러 문학지에 발표한 작품들을 포함하여 새로운 글들로 채웠다. 제목은 초간(初刊)의 숲의 의미를 잇고자 「숲의 기억」으로 정하였다.

늘 생각하듯이 한 사람의 생애는 하나의 세계이며 모든 하루는 하나씩 작은 인생이다. 사람들이 자기 나름의 색깔과 무늬로 인생을 표현하며 살아가듯이 문학의 양식은 나에게는 세상을 그려내는, 은밀한 즐거움이 기다리는 유혹의 숲길과 같은 것이다.

새로운 사물을 찾아내는 것뿐만 아니라 새로운 눈으로 세상을 바라보는 것도 하나의 발견인 것처럼 하루하루 삶을 새롭게 느끼며 그려가는 인생이면 참 좋겠다. 우리들이 자기 빛깔로 잘 어우러지는 푸르른 숲을 꿈꾼다.

유문정(遊文亭)에서
2022년 여름

차례

서문 - 숲을 그리며   4

양면성 * 건너편	10 · 12
기록은 나뭇잎이다 * 겨울나무	13 · 17
꽃을 보며 뿌리를 생각한다 * 뿌리 비가(悲歌)	18 · 22
칭찬의 빛과 그림자 * 처음이야	23 · 27
빛나는 성곽 * 아침햇살	28 · 31
난지도 기점 25.5km * 소수점	32 · 35
완벽과 행복, 당신은 어느 쪽인가? * 덜 그린 그림	36 · 39
덫 * 이별은 안다	40 · 44
영혼이 따라올 시간 * 징검다리	45 · 48
비교하기와 행복 * 너를 보내며	49 · 52
나무들의 숲 * 숲의 기억	53 · 55
모든 하루는 작은 인생 * 우리 기쁜 날들	58 · 60
책임지고 물러나겠다? * 수박을 먹다가	62 · 64
멍 때리기 * 괜찮아	65 · 68

인연 * 알고 싶습니다	69 · 73
공중주막 * 속살을 열어주렴	76 · 78
배달의 민족 * 들꽃記	79 · 82
실패는 성공의 어머니? * 아침 해스팅스	85 · 89
수평선 * 바닷가에서	91 · 93
굴레 벗기 * 가을 운문사	95 · 98
교육은 콩나물 기르기 * 새싹	100 · 104
선창가 대폿집 * 동녘 포구	105 · 108
돈과 행복 * 미안하다	110 · 111
갓바위 부처 * 초파일 연등	112 · 116
마지막 인상 * 나무처럼 서서	117 · 121

숲의 기억

양면성

세상을 쓸어버리는 40일간의 대홍수가 있었다. 노아는 큰 방주를 만들어 모든 창조물의 한 쌍씩을 태워서 새로운 세상으로 옮기라는 신의 사명을 받았다. 평소부터 악(惡)을 미워하던 선(善)이 소식을 듣고 노아를 찾아와 태워줄 것을 요청했다.

노아는 거절했다. 짝이 없었기 때문이다.

"노아님, 악은 정말 나쁜 놈이거든요. 이번 기회에 영원히 떼어버려야 합니다."

하나님께 기도를 올린 후에 노아가 다시 말했다.

"안 된다. 네가 선인 것은 악이 있기 때문이다. 악이 없으면 그 순간 선도 존재할 수 없는 것이다."

선과 악은 빛과 그림자처럼 뗄 수 없는 한 몸이어서 선은 악을 찾아 데리고 와서야 방주를 탈 수 있었으므로 새로운 세상에서도 선과 악은 여전히 함께 있는 것이다. 「탈무드」에서 읽었던 이야기이다.

인도의 명상가 인드라 초한은 세상의 모든 일에는 악에도 선이, 선에도 악이 공존하는 것처럼 반드시 양면성이 존재한다고 전제하면서 슈바이처를 예를 들고 있다. 아프리카의 밀림에서 의료봉사에 생애를 바침으로써 성자로 칭송받았지만 문명사회에서 설탕과 우유 등을 가져감으로써 밀림에 없던 결핵 등의 질병이 생겨났다는 것이다. 그래서 어떤 사람에게는 선인 것이 다른 사람에게는 악일 수도 있는데, 무엇이 진실인지는 오직 신만이 알 수 있다니 인도의 명상가다운 어법이다.

정부에서 저소득층을 위해 최저임금을 급격하게 올리자 오히려 그들의 일자리가 줄어드는 역효과가 생겨나는 일이 있었다. 빛과 그림자의 양면성을 잘 살폈더라면 부작용도 줄이는 정책을 창안할 수 있지 않았을까. 다른 정책들에서도 양면성의 문제를 잘 인식했으면 좋겠다. 한 면만 보는 것은 상대방 차로를 보지 않고 내 차로만 보며 달리는 것과 같다.

세상에는 에너지 불변의 법칙이나 작용과 반작용의 법칙이 존재하므로 세상이 평형을 이루어야 한다면, 밝은 일들은 우리 삶터에서 일어나게 하고 어두운 일들은 외계로 보내면 좋겠다. 어쨌든 세상을 살아가는 데에 나와 상대의 입장을 양면적으로 함께 살피면 훨씬 좋아지는 일들이 많다. 서로가 함께 빛나는 삶, Life Shining Together를 꿈꾼다.

건너편

세상은 건너편으로 완성된다
건너편에 서서 보지 않은 이곳은
미완의 땅이다
어둠속에서 밝은 곳을
너의 시선으로 나를 보듯이
쓰러져서야 서 있을 때를 알고
슬픔에서 기쁨을 보듯이
사랑은 사랑의 편이 아니라
이별의 편에서 비로소 알게 된다.

기록은 나뭇잎이다

- 이대락 선생님을 추억하며

　삶은 기록으로 다시 탄생한다. 이순신 장군이 난중일기를 남기지 않았더라면, 레오나르도 다 빈치의 방대한 아이디어 스케치 노트가 없었다면, 남편 이회영 선생이 모든 재산과 생명을 바친 독립운동의 날들을 이은숙 여사가 일기로 남기지 않았다면, 수천 년 문학과 예술의 빛나는 작품들이 기록으로 전해져 오지 않았다면 세상은 지금보다 황막해졌을 것 같다.

　사람의 생애이든 한 시대이든 세월이 흘러 기억이 바랜 후에는 기록으로 남겨져 전해진 것들이 되살아나 역사를 이룬다. 기록은 가을의 나뭇잎이다. 나무의 날들을 기억하는 잎새들은 가을이면 낙엽으로 떨어져 거름이 되어 다시 나무를 키운다. 낙엽이 밑동에 쌓이지 않는 나무는 성장의 힘이 약하듯 과거를 잊은 미래도 그러하리라. 과거는 뿌리이고 기록은 나뭇잎이다.

　떠오르는 기억 하나, 1990년대 경북 영천의 3사관학교에 근무할 무렵, 뜻하지 않게 인근 단포초등학교 운영위원을 맡은 적이 있다. 당시 단포초교에는 3사관학교에 근무하는 간부들의 자녀들이 많이 취학하여서 학부모 한 명이 운영위원으로 선임되어 여러 문제를 협의하는 일을 하였다.

운영위원회에 참석하면서 첫 느낌이 범상치 않았던 이대락 교장선생님을 뵙게 되었다. 선친이 초등학교 교직에 계셨던 연유와 초등학생 시절 가졌던 나의 이미지와는 다르게 그 분은 어떤 위엄이 배어 있으셨는데, 대화하면서 6.25에 육군 항공장교로 참전하셨던 사실을 알게 되었다.

안동 사범학교를 졸업하실 무렵 전쟁이 발발하자 군에 입대하시어 항공장교로 활약하셨는데 그 공적이 놀라웠다. 적진을 넘나들며 수행하셨던 작전, 적의 고사포에 맞은 애기(愛機)를 몰고 기지로 귀환하신 일, 항공학교 교관으로 많은 항공장교 배출, 충무무공훈장과 미국공로훈장 등 5개의 훈장과 당시 보도기사 등이 생사를 넘나들며 이룬 공적을 말해주고 있었다.

선생님의 기록은 「육군항공 50년사」에 담겼는데 그 계기는 우연히 이루어졌다. 1998년 무렵 선생님이 정년을 맞으셨을 때 대령으로 재직 중이었던 나는 전장의 경험을 후배 항공장교들에게 강의하시도록 권유를 드리면서 육군항공학교에 선생님을 추천하였다. 당시에 마침 항공병과에서는 「육군항공 50년사」를 편찬하면서 6.25 참전자료 등 초창기 역사자료를 구하려고 애쓰고 있었다.

마침 선생님 특강을 추천한 것이 계기가 되어 자료담당 장교가 선생님을 직접 방문하게 되었다. 선생님은 보관하셨던 의미 있는 자료들을 기증하셨고, 주요 내용들이 「육군항공 50년사」에 실리면서 청년장교로서의 발자취가 다시 살아난 것인데, 그 고리는 바로 '기록'이었다. 선생님의 기록들은 6.25 전장임무와 교관근무 당시의 여러 일지, 육군조종사 신분증, 훈장과 표창장, 지휘관과 장병 및 부대생활의 사진들, 부대훈련과 생활에 관한 기록 등 육군항공의 초창기 역사자료들이었다.

선생님은 발간기념식에 초대되어 다녀오셨다. 참모총장이 주관한 행사에 원로로서 주빈석 예우를 받으며 다녀오신 후 잊힐 수도 있었던 영광의 젊은 날이 다시 살아난 데 대하여 매우 기뻐하셨다. 선생님을 모시고 다녀왔던 아드님은 '아버지가 6.25 때 참전하신 장교이셨다는 것만 알았지 그렇게까지 대단하신 줄은 몰랐다'며 감동하였다.

그 후 설립된 육군항공역사관에 선생님의 자료가 전

시되었다는 소식을 듣고 내외분을 모시고 다녀온 적이 있었다. 역사관 입구의 '육군항공을 빛낸 인물들' 현판에는 대위 사진의 선생님이 네 번째 자리에 있었고, 역사관에는 기증하신 훈장을 비롯한 자료들이 전시되어 있었다. 선생님 내외분은 물론 나도 뭉클하게 솟는 감정을 억누를 수 없었다. 기록을 하지 않고 보존하지 않았더라면 이처럼 역사의 한 페이지를 장식하지 않았을 것이다. 선생님은 결혼 후 수십 번 이사를 하면서도 자료들을 잘 챙기신 사모님에게 공을 돌리셨다.

   기록은 영광을 목적으로 남기는 것이 아닐지라도 그 자체가 가치 있는 일로써, 본인이 남기기도 하지만 가족이나 후학 및 지인이 남기기도 한다. 다만 기록이 문제가 되어 안타깝게도 오히려 고통을 겪는 일도 있어서 주의할 필요는 있더라도 넓은 시야로 보면 기록은 개인은 물론 가정과 나라를 성장시키는 힘이다. 역사관 방문 이후에도 일 년에 서너 번씩 선생님을 뵈면서 소주잔 추억담을 나누곤 하였는데, '기록'의 소중함을 생각하면 지금은 국립묘지에 영면하고 계신 선생님이 떠오르는 것이다.

겨울나무

나무가 왜
봄이면 가지마다 새순을 틔우는지
여름이면 잎을 무성하게 피우는지
가을이면 온 몸 색색으로 물들이는지
겨울이 되어서야 알았다

찬바람에 짐짓 낌새를 알았으리라
모두 벗어야 한다는 것을,
나무는 잎새들 모두 땅으로 보내고
하늘을 드러내 빈 몸을 보여주었다
비어야 보인다는 것을 알리기 위해
봄부터 그렇게 채운 것이리라

생애 동안 힘껏 채워 넣었던
이력의 행간들 다 떨구고 나면
나의 나무에는 무엇이 남을까
그저 사랑이나 한 잎 남았으면.

꽃을 보며 뿌리를 생각한다

여러 해 전, 연구실 앞 정원에 핀 장미를 보면서 진한 여운이 남았었다. 뿌리의 존재를 새삼스레 느꼈기 때문이다. 아침햇살에 꽃잎 이슬을 반짝이던 붉은 장미는 정말 아름다웠다. 어디에서부터 이토록 탐스러운 겹겹의 꽃잎과 강렬한 빛깔이 생겨나는 것일까? 눈길이 꽃에서 줄기로 이어져 땅에 닿는 순간, 뿌리의 존재가 확연하게 다가왔던 것이다.

뿌리가 땅 속에서 물과 양분을 빨아올려야 꽃을 피울 수 있다는 당연한 사실에도 그 순간 뿌리에 대한 연민이 내 마음속에 일었다. 사랑하는 꽃을 피우기 위해 흙의 틈새마다 파고들며 안간힘으로 물을 빨아올리면서도 막상 꽃 한 송이 피워내고 나면 자신의 목 축일 물은 남아있을까…

뿌리는 자신의 공로와 고생을 내보이기 위해 햇볕 따사로운 땅 위에 나설 수 없다. 그것은 자신뿐만 아니라 사랑하는 꽃의 죽음임을 알기 때문이다. 꽃과 뿌리는 한 생명으로 얽혀 있음에도 뿌리는 생을 마감할 때까지 한 번도 꽃을 만나지 못한다. 살아서도 만날 수 없고 죽으면 이미 만날 수 없는 꽃과 뿌리의 안타까운 인연의 여운이 가슴을 떠나지 않았다.

뿌리와 같은 존재는 어떤 사람일까? 가정에서 보면 대개 어머니가 먼저 떠오르지만, 제목부터 감성적으로 어필되어 화제가 되었던 「대한민국에서 장남으로 살아가기」라는 책의 예를 들어본다. 부모를 모시고 형제들을 아우르면서 가정을 이끌어가는 장남의 애환과 보람을 담아내었다고 하여 언론에 소개되었었다. 물론 동생들에 비해 더 우월한 대우를 받거나 맏이의 권위의식 등의 문제로 갈등도 많이 생기지만 어쨌든 책의 의미에서 보기로 한다.

시골에 가보면 동생들은 대학공부며 직장일로 도시로 떠나고 부모님을 모시면서 고향을 지키고 사는 맏이들을 종종 만날 수 있다. 넉넉지 않은 형편에 장남이라는 지위에는 조상 묘와 부모가 있는 고향땅을 쉽게 떠날 수 없게 하는 말로 표현하기 어려운 무언가가 배어 있다. 그 무언가는 대체로 고생을 동반하는 것인데, 남의 덕담으로는 훈장과 같이 명예로운 것이고 짊어진 고생으로 보면 멍에와 같은 것이다.

한 지인의 경우도 그렇게 고향에서 부모를 모시며 나름의 동생들 뒷바라지를 하였다. 산수 좋은 동네 강가에서 며칠씩 묵고 간 동생들의 휴가들, 이런저런 먹을 것들 챙겨서 보내고 나면 남은 것은 뒤치다꺼리와 밀린 농사일들, 수확 철이면 한 보따리씩 싸서 보냈던 곡식이며 과일들, 부모 모시는 일과 명절이며 집안 대소사의 애환들… 동생들을 대견해하면서도 술 한 잔 기운을 빌어 서운함을 술잔에 푸념처럼 풀어놓고는 늘 "고맙지, 객지나 가서 잘못된 애들도 많은데 얼마나 고마운 일이야."로 매듭을 짓곤 하였다.

우리는 화려한 성공을 찬미하면서 그늘에서 묵묵히 뒷바라지한 사람들의 공도 올바로 살필 수 있어야 한다. 스태프와 조연 없이 주연이 있을 수 없듯이 뿌리 없이 꽃은 피어날 수 없는 것이다. 그러므로 꽃은 사랑과 예찬을 받으면 자신만의 공인 냥 오만하지 말고 뿌리에게 감사할 줄 알아야 한다.

꽃이 뿌리의 노고에 보답하는 길은 스스로도 힘껏 노력하여 뿌리가 빨아올린 양분을 햇빛과 부지런히 합성하고 온갖 비바람도 이겨내면서 아름답게 피어나는 일이다. 그렇게 꽃과 뿌리는 서로 얽힌 진정한 하나의 생명으로 공존하며 상생하는 것이다. 가정과 직장, 그리고 사회와 나라에서 뿌리의 고생이 헛되지 않고 보람을 가질 수 있도록 기름진 토양을 만들어간다면 우리 사회는 훨씬 더 생명력이 넘칠 것이다.

　서로 얽히고 어울려 사는 우리네 삶터에서 누구는 꽃이기만 하고 누구는 뿌리이기만은 아닐 것이다. 아마도 우리는 누군가의 꽃이면서 또한 누군가의 뿌리로 살아가고 있는 것이리라. 햇살 맑은 아침에 정원의 장미를 바라보면서 꽃과 뿌리의 인연을 새겨보게 되는 것이다.

뿌리 비가(悲歌)

화사하게 피어나는 꽃 한 송이 꿈꾸며
오늘도 부르튼 손발 어루만지는 밤
대지의 틈새마다 파고들어
안간힘으로 빨아들여도
그대 한 송이 피워내고 나면
내 목 축일 물은 늘 한 줌뿐

그게 나의 사랑, 그게 우리의 사랑
어둠이 다독여주는 별밤
살아서는 만날 수 없는 사랑
절망을 부둥켜안고 한 번
죽음으로도 이룰 수 없는 사랑아
모두 잠들어 별빛도 사위어가는 새벽쯤엔
한 번만이라도 너를 만져볼 수 있다면…

칭찬의 빛과 그림자

 칭찬은 사람에게 활력이 솟도록 하는 보석 같은 것이다. 칭찬의 긍정적인 효과를 부정하는 사람들은 아마도 없을 것이다. 칭찬을 받고 자란 아이와 비난을 받고 자란 아이의 성장 후의 모습이나, 생활 속 여러 경우의 경험을 보아도 칭찬의 효과를 잘 알 수 있다. 칭찬의 빛인 것이다.
 그러나 모든 칭찬이 무조건 좋은 것인가에 대해서는 의문이 들 때도 있다. 사물은 대개 양면성을 가지고 있어서 '칭찬의 효과는 각양각색이어서 슬기로운 자는 겸손하게 만드나 어리석은 자는 교만하게 만들기도 한다.'는 경구도 솔깃해진다. 칭찬이 슬기로우면 더욱 좋겠다는 생각에서 몇몇 경우를 살펴본다.

 칭찬으로 동기부여가 된다고 하지만 의례적인 칭찬이 반복되면 진정성이 결여된 것으로 느끼게 하여 칭찬에 무감각하게 만들기도 하고, 모든 일마다 칭찬이 일상화되면 칭찬하지 않는 경우는 질책으로 느끼게 할 수 있다. '칭찬은 보석처럼 귀한 것이어서 흔하고 형식적인 칭찬은 가치를 하락시켜 칭찬을 고맙게 생각하지 않는다'라고 한 사무엘 존슨이나 '칭찬이 잦아지면 하나의 빚으로 여기게 될 뿐 아니라 칭찬받는 행위를 강요하는 것처럼 된다'라고 한 골드스미스의 조언, '내용을 잘 모르는 형식적인 찬사는 고마움을 강요당하는 것 같아 기분을 상하게 한다'라는 데이비드 흄의 충고도 있다.

칭찬은 들을 만한 일과 들을 만한 사람에게 해야 하는데 아무에게나 남발하면 '바보를 칭찬하는 것은 그의 어리석음에 물을 주는 것과 같다'라는 경구가 암시하듯이 자칫 그릇된 자기평가를 하게 할 수 있게 한다. '까닭 없이 칭찬하는 사람을 경계하라'는 일본속담도 귀담아 들을 만하다.

그래서 칭찬중독증은 사람을 망칠 수 있다. 티브이의 한 교육프로그램에서 소개한 내용을 보면, 아이들의 경우 늘 칭찬만 받는 아이는 속마음과 다르게 칭찬받기 위해 사람들의 기대에 부응하려고 한다. 가령 재미있는 놀이에 빠져 있는 아이들은 선생님이 그만 놀고 정리하자고 할 때, 놀이에서 빠져나오기 싫어서 좀 더 놀자고 하는 것이 정상적인 심리이다. 그러나 칭찬기대가 높은 아이들은 정리하자는 선생님의 한 마디에 곧바로 놀이를 멈추고 정리를 시작한다. 그러면서 선생님의 칭찬눈치를 본다. 칭찬이 없으면 눈에 띄기 위해 애를 쓰며 과장된 행동도 하게 된다. 이런 아이는 자신의 마음을 솔직하게 표현하지 못하고 실패를 두려워하며 작은 꾸중에도 큰 좌절을 느껴 정신적으로 건강한 자아가 형성되지 못할 수도 있다는 것이다.

또한 칭찬은 평가의 한 형태이다. 즉 칭찬을 하는 사람이 받는 사람보다 우월한 입장에 있음을 의미한다. 자존감이 강하고 심리적으로 성숙한 사람들은 남이 자신을 평가하는 자체를 싫어하는 경향이 있다. 특히 칭찬하는 사람의 능력이나 인품을 낮게 평가하는 사람은 칭찬을 무시하거나 냉소적으로 받아들일 수도 있다. 아울러 칭찬을 받으면 방어적으로 반응할 수도 있다. 칭찬 때문에 남에게 드러나는 것 자체를 싫어할 수도 있어서 면전이나 공개적인 칭찬을 부담스러워 하고, 더구나 칭찬받은 사람은 경쟁자들의 질투와 견제의 짐을 짊어지게 되는 경우도 있다. 칭찬은 사람을 무대 위에서 춤추게도 하지만 무대 뒤로 숨게 할 수도 있는 양면성의 한 예이다.

칭찬의 생명이란 진실성과 칭찬받는 사람을 배려하면

서 기운을 북돋우는 데 있다. 칭찬의 그림자를 몇 가지 살폈지만, 칭찬에 인색하거나 아낄 필요는 없을 것이다. 다만 칭찬하는 사람의 입장에서만 일방적으로 생각하지 말고 칭찬받는 사람의 마음도 함께 헤아리면 좋겠다는 뜻이다. 다산(茶山)은 말의 무게를 중시했다. 실없이 칭찬하면 무게를 잃고, 특히 지위가 높은 사람의 한마디는 아랫사람의 인생을 들었다 놓았다 할 수 있기 때문에 좋은 말도 가려서 하고 충고도 살펴서 하라는 말씀이 여운으로 남는다.

처음이야

겨울 오후
눈이 내리면 나는 강가 들길을 따라
연어처럼 강을 오른다

눈이 강물에 잠겨들 때를 기다린 듯
어린 청둥오리 한 마리
자맥질로 건져 올린 눈송이 하나 입에 물고
하늘바라기할 때,
강가 그 자리 빈 의자엔
어느 별에서 하늘거리며
먼 길 찾아온 송이송이 눈송이들이
서로를 보듬고 소복소복 모여앉아
소곤거리고 있다
지구별은 처음이야

가슴엔 빈 의자 하나,
먼 길을 온 네게 속삭이고 있다
이런 반짝임은 처음이야.

빛나는 성곽(The Bright Rampart)

The Bright Rampart에 관한 두 개의 글을 읽었다.

1. 미국의 델마 톰슨(Thelma Thomson: 1923~1996)은 미국 서부의 모하비 사막에 있는 부대로 배치된 남편을 따라 사막에서 생활하였다. 남편은 부대에서 임무를 수행하는 날들의 연속이었고, 톰슨에게 인디언과 멕시코인들밖에 없는 사막생활은 영어도 통하지 않아 외롭고 견디기 힘든 날들의 연속이었다. 차라리 감옥에 사는 것이 낫겠다며 부모님께 어려움을 토로한 편지를 보냈는데, 답신에는 두 죄수에 관한 짧은 글이 담겨 있었다.

> 감옥에 두 죄수가 갇혔는데, 한 죄수는 창살 사이로 철조망만 바라보며 시간을 보내고, 다른 한 죄수는 창살 너머 푸른 하늘과 밝은 별을 보고 산다.

답장에 담긴 뜻을 직감한 그녀는 우두커니 남편만 기다리며 우울함에 잠기는 대신 사막생활의 좋은 점을 찾아내려고 노력하기 시작하였다. 낯선 원주민들과 친해지고, 건조한 사막에서 자라는 식물들을 주의 깊게 관찰

하고 다녔으며 해질녘 사막 노을의 아름다움에도 새삼 눈을 뜨면서 새롭게 발견한 것을 글로 써 내려갔다. 도저히 견딜 수 없다고 생각한 그곳에서 반짝이는 별을 찾아내었던 것이다.

그렇게 사막생활을 받아들이며 발견한 것들을 소설로 썼는데 그 제목이 「The Bright Rampart」였고, 유명한 여류 작가로 성공하게 된 계기가 되었다고 한다. 델마 톰슨은 이렇게 말한다.

"사막은 변하지 않았습니다. 내 생각만 변했습니다. 생각을 돌리면 비참한 경험이 가장 흥미로운 인생으로 변할 수 있다는 걸 깨달았습니다. 감옥의 창을 통해서 별을 찾을 수 있었던 것입니다."

2. 한 영국군 장교는 명령을 받아 아프리카의 부대로 떠나게 되었다. 아내도 낭만적인 기분으로 따라 나섰으나 사막생활에 적응하지 못하였다. 사막 한가운데 있는 부대의 관사는 허술하고 무더위를 피할 수 없었으며 집 주위에는 전갈이며 뱀들이 돌아다녔다.

남편은 임무 때문에 사막에 나갔다가 며칠 만에 돌아오곤 하였다. 귀하게 자랐던 아내는 건강이 악화되고 거의 미칠 지경이 되어 영국의 아버지에게 고통을 호소하는 편지를 보냈다. 아버지에게서 온 답신에는 감옥에서 창살만 바라보는 죄수와 푸른 하늘의 밝은 별을 바라보는 죄수의 이야기가 적혀있었다.

  아내는 결심하였다. 여기가 나의 삶터이며 현실이다. 나의 성곽을 만들자. 아내는 사막 생물들의 생태를 관찰하며 사진을 찍고 기록을 했다. 7년간 기록한 책은 사막 생태에 관한 귀중한 자료가 되었다고 한다.

  첫 번째 글은 비교적 잘 알려진 미국의 여류작가 델마 톰슨의 이야기이고, 두 번째 글은 생소하지만 강원도의 한 여성백일장에서 수상한 작품에 담긴 내용이다. 내용이 비슷한 두 글에는 삶의 현실을 받아들이고 그 바탕에서 자신의 삶을 가꾸어 가야 한다는 의미가 잘 담겨있다.

  백일장의 글을 쓴 분은 전방에 근무하는 군인의 부인이었는데, 전방의 열악한 생활환경에서 빛나는 성곽의 이야기를 알게 된 후에 새로운 눈으로 활기차게 일상을 가꾸어나간다는 이야기를 덧붙이고 있었다. 현실 속에서 선택할 수 있는 마음가짐을 다시 살펴보게 해준 고마운 글이었다.

아침햇살

아침에야 다다른 햇살은
그녀가 찡그리자 잠시 서성인다
돌아갈 수 없는 길
힘든 다리를 잠시 창가에 얹는다
햇살은 그녀의 아침을 열었는데도
그녀는 아침이 저절로 온 줄 안다
햇빛이 먼 길을 데려온
산의 초록과 들판의 꽃들
그녀의 강을 한 번에 건널 수 없어
징검다리처럼 한 결씩 디뎌보는 아침.

난지도 기점 25.5km

 여러 해 전, 서울에 머물면서 저녁이면 강변을 거니는 시간이 참 좋았다. 잠실대교에서 올림픽대교를 지나 천호대교에 이르는 강변길은 산책길이 자전거 길과 분리되어 있어서 마음 편히 주변을 둘러보며 거닐 수 있었다. 물가에서 손발을 담글 수도 있었으니 멀리 보던 모습과 달리 한강은 훨씬 더 친근감이 느껴졌다.
 강가의 싱싱한 풀숲에는 색색의 풀꽃들이 피어있어서 저녁 노을빛과 어울리어 마치 내가 그들과 함께 풍경을 이루면서 싱그러운 자연을 완성하는 듯한 느낌이 들곤 하였다. 더구나 산책로는 흙길이어서 위압적인 8차로의 강변북로가 바로 곁에 있음에도 마치 도시를 떠나있는 기분이었다.
 산책길마다 올림픽대교나 천호대교 밑을 지나곤 했는데, 강을 가로지르는 다리 위에는 자동차들이 쉴 새 없이 우르릉거렸다. 다리를 받치고 선 콘크리트 교각들은 우람하였는데도 마치 하늘을 어깨로 떠받치던 아틀라스처럼 세상을 힘겹게 떠받치고 있는 듯 안쓰럽기도 하였다. 어느 날엔 한 번도 고개 들지 못하는 교각의 생애가 경건하게 느껴지기도 하였는데, 흐르던 강물이 잠시 머물러 교각을 한 번 휘감아 안아주고 가는 것이 왠지 나에게도 위안이 되었다.

   강변길에는 군데군데 위치를 알려주는 표지팻말이 있었다. 어느 날 잠실철교 부근에 '난지도 기점 25.5km'라고 적힌 표지가 눈에 들어왔는데 순간, 약간 묘한 느낌이 가슴에 일었다. 지금은 '하늘공원'이 된 난지도는 원래 쓰레기처리장이어서 쓸모없는 땅처럼 여겨졌었는데 그 난지도가 어떤 기점이 되어 우뚝 서 있는 것이었다. 변방에서 존재하고 있어야 할 것처럼 여겼던 것이 어느 순간 중심으로 서 있는 느낌이 신기했다.

   그런데 막상 더 묘한 감정은 25.5km의 소수점 0.5km이었다. 0.5km… 올리자면 올릴 수도 있고 내리자면 내릴 수도 있는 그런 소수점, 취해도 되고 버려도 되는 그런 소수점, 군더더기 없는 깔끔한 정수의 유혹 때문에 올리려 하면 뭔가 부풀리는 것 같고 내리자니 뭔가 헛노릇한 것 같아 어중간해지는 소수점 0.5…

   사실 살아오면서 그런 느낌이 참 많았다. 상대에 따라 나의 입장을 좀 높이려고 부풀려서 내보이려 하니 허세를 부리는 것 같고, 나를 낮추니 상대의 언사부터 허접하여 존중받지 못하는 것 같은 일들, 신앙의 믿음과 인간적인 본능 사이, 공적인 입장과 사적인 욕망 사이, 효도와 내리사랑 사이와 같이 삶의 순간 곳곳에 올릴까 내릴까를 망설이는 소수점 같은 갈등의 순간들이 있는 것이다. 친구와의 술 한 잔에도 우정의 고리에 걸려 과음을 한 다음 날에는 마음의 소수점을 자르지 못한 대가를 속 쓰림으로 치르곤 하고, 과유불급(過猶不及)의 다짐에도 식탐의 유혹 앞에서 머뭇거리고 있으니 다른 일인들이야.

강가에 앉아 흐르는 강물을 보며 이런 게 오히려 사람다운 모습이라고 스스로 위안해보지만 마음인들 왜 모르랴. 내공이 부족하고 원칙이 분명하지 않으면 머뭇거리게 되고 흔들린다는 것을. 과음이나 과식처럼 물욕이든 명예욕이든 적정한 선을 넘고 자만한 곳에서 후회가 더 많았던 것을 보면, 조금 비워두는 공간이 오히려 더 속이 찬 것인지도 모르겠다. 잠시 나를 돌아보게 한 0.5km를 마음에 담아둔다.

소수점

잠실철교쯤 강변길에서 표지석을 본다
난지도 기점 25.5km
쓰레기 무덤,
불모의 난지가 기점이 되었다

하필 소수점인가…
정수에 길들여진 삶이
0.5의 갈림길에서 흔들린다
올릴까 내릴까
올리면 부풀리는 것 같고
내리면 헛노릇한 것 같다

연륜 제법 흐른들…
삶의 틈새마다
소수점에서 흔들리고 있다.

완벽과 행복, 당신은 어느 쪽인가?

당신은 행복할 수 있는 사람인가? 「완벽의 추구」가 우리에게 던지고 있는 질문이다. 오랜 벗으로부터 이 책을 선물로 받았을 때 사실 제목 때문에 펼치고 싶지 않았었다. '완벽의 추구'라니, 평소 완벽주의적인 성격에 대해 고심하고 있었기 때문이다.

결론부터 말하는 것이 좋겠다. 하버드대 심리학 교수인 저자 샤하르 교수는 행복하고 싶다면 완벽을 추구하지 말라고 역설적으로 강력히 권고하고 있다. 완벽주의자란 터무니없이 높은 기준을 세워 강박적으로 목표를 추구하면서 자신의 실수와 실패를 인정하지 않으려는 사람이다. 그들은 실패와 고통스러운 감정 및 성공인식 등 세 가지의 반응방식에서 행복에서 멀어지고 있다.

실패를 받아들이지 못하는 그들은 목적지에만 초점을 맞출 뿐 여행을 즐기지 못한다. 구애의 즐거움을 모른 채

절정의 도달에만 집착하는 것이다. 그러나 절정이란 쉬운 일이 아니어서 실패마다 그 과정의 가치를 외면한 채 낭패감에 빠지고 자신의 결함을 의식하며 불안장애를 겪는다. 완벽주의자에게 세상이란 실패의 두려움으로 가득 찬 긴장된 곳이 된다.

고통스러운 감정의 회피는 행복의 치명적인 아킬레스건이다. 성공적인 사회생활을 위해서는 분노, 질투, 후회, 싫증 등의 감정이 인간적 본성임에도 억누르고 숨겨야 한다고 배운다. 슬퍼하기도 하고 고통스러운 감정을 털어놓으며 기쁨이나 즐거움을 표현하는 것이 잘못된 일이 아니라는 것을 좀처럼 허용하지 않는다. 감정은 영혼의 표현인데도 말이다.

성공 속에서도 자신의 부족함을 생각한다. 99%의 성공의 기쁨보다 1% 미흡함의 불만이 가슴을 지배하고, 다음 시도의 실패 걱정과 겸양의 강박 때문에 칭찬에도 기쁨을 드러내지 못한다. 매슬로우의 적절한 지적처럼 '마음속의 지옥을 피하려고 하면 마음속의 천국도 멀어지는 법'이다.

그러면 행복한 삶을 위해 어떻게 할 것인가? 저자는 자신의 현실을 받아들이고 감정을 생생하게 경험하며 표현하는 긍정적 최적주의자를 권고한다. 세상은 탐험의 매혹이 곳곳에 숨겨진 경이의 세계이며, 삶이란 자신을 열고 여행하는 길이다. 완벽하지 않아도 되고, 마음을 열고 소통해도 괜찮은 길이다. 블랜튼의 말처럼 '우리는 혼신의 힘을 다해 행복을 가장하고 거짓말을 하면서 기진맥진하는 것'은 아닌지 살펴볼 일이다.

모든 사랑의 출발은 자신이다. 샤하르는 완벽의 추구에서 벗어나 행복에 이르는 매혹들을 책의 곳곳에서 펼쳐 보이며 "당신은 행복할 수 있는 사람인가?"를 묻고 있는 것이다. (대구일보 기고, 2013. 3. 7.)

'덜 그린 그림'은 완벽주의자에게 한 줄기 빛이 되어 주고 있다.

덜 그린 그림

"내가 너에게 뭔가 해줄 것이 있었으면 좋겠어…"
이 말을 남긴 채 그는 떠나갔다
그 사람 앞에서 빈틈이 없는 척,
그리고 강한 척한 내 자신이 한없이 미웠지만
이미 그가 떠난 뒤였다

최근에 와서 좋아하게 된 그림들의 특징은
뭔가 '덜 그린 그림'이다
뭔가 덜 그렸다는 느낌
그래서 내가 완성하고 싶은 느낌이 들게 하는 그림
가능성으로 비어있는 그 자리를 차지하고 싶은
마음이 어느 결에 스며들게 하는 그림
그랬구나,
덜 그린 듯한 저 그림이 나를 붙잡듯,
조금은 부족한 듯한 그 모습이
상대에겐 함께하고픈 마음이 들게 하는구나.

- 한 젬마, 「그림 읽어 주는 여자」 중에서

덫

고라니 한 마리가 덫에 걸렸다. 티브이에서 보는 고라니의 모습은 애처롭다. 벗어나려고 몸부림치고 있지만 아마도 스스로 벗어날 수 없을 것 같다. 우리네 인간세상의 덫을 생각해 본다. 사이비 종교의 덫, 도박의 덫, 사기꾼의 덫 등 남이 놓은 덫뿐만 아니라 탐욕의 덫, 완벽주의의 덫, 순종의 덫 등 스스로 옭아맨 덫들도 있다. 안타깝게도 덫에 걸린 것을 알게 될 때는 대개 무언가를 잃었거나 헤어 나오기가 어려워진 후이다.

지인이 들려준 이야기는 스스로의 덫에 관한 것이었다. 형제들이 도시로 떠난 후 셋째아들 부부는 시골 부모님 가까이 사는 까닭에 자주 챙겨드리게 되었다. 음식이나 집안일은 물론 병원 일도 거들어 드린다. 손발이 수고롭고 시간도 돈도 들어가는 일이지만 착한 심성에 효도라고 생각하며 정성껏 한다.

부모도 일이 생기면 셋째를 부르고 의지하면서도 눈에 보이지 않는 다른 형제들 사는 것을 더 걱정하고, 수확한 좋은 것들은 셋째를 시켜 보내준다. 땅도 팔아 도시의 아들집 늘리는 데 보태준다. 형제들은 처음에는 셋째에게 조금 고맙고 미안하다가 점점 당연한 것처럼 여기게 된다. 더구나 셋째의 수고를 다 알지도 못하면서 부모에게 무슨 불편이라도 생기면 탓을 한다. 명절에도 부모에게는 선물과 봉투를 내놓으며 셋째에겐 '수고한다'는 말로 대신한다. 셋째 부부는 누군가 해야 할 도리를 자신들이 하고 있다고 스스로 위안하지만 점점 '이건 아니다'라고 여기면서도 마음 바꾸기도 어렵고 효심이 변했다고 할까봐 서운함을 드러내기도 애매하다.

어렵사리 형제들에게 함께 감당하자고 말을 꺼냈는데, "지금까지 잘해 놓고 이제 와서 왜 그래?" 이런 반응에 내 수고한 일을 거듭 말하게 되니 생색을 내고 다른 형제들을 비난하는 꼴이 되었다. 셋째는 뜻하지 않게 효심과 형제애의 덫에 걸린 것이다. 벗어나고자 하니 자신에게는 물론 형제간에 상처가 생긴다.

이런 덫이 가족 간에만 있는 일이겠는가? 청춘의 연인 사이에도 사랑의 이름으로 덫이 생기고, 친구 사이에서도 우정을 이유로 생기는 덫이 있다. 불편한 속마음을 드러내고 바루자고 하면 사랑과 우정의 묘한 속성 때문에 호의를 베푼 쪽의 잘못이 없음에도 어색해진 관계에 대한 책임을 지게 될 때도 많다. 물론 직장이나 사회적 관계에서도 있을 수 있는 일이다. 상대도 나에게 그렇게 해줄 것이라는 호의를 기대하며 내가 그렇게 행동해 왔기 때문이다.

인간의 덫이란 묘한 공통점이 있다. 내가 불편하고 아파야 덫이다. 힘들더라도 아프지 않고 불편하지 않으면 덫이 아니다. 그리고는 덫은 시간이 쌓이면서 생기고 나중에야 알게 된다. 또한 빠져나오려고 발버둥을 치면 상처가 생기고 결국 자신이 감당해야 한다. 특히 스스로 자초한 덫에서 빠져나오려 하면 더 꼬일 수도 있어서 남이나 상대방이 도와줄 때 훨씬 풀기 쉽다. 덫의 짐을 진 사람이 불편함을 호소하면 관계된 사람이 빨리 도와주는 것이 현명한 처사이다. 가령 셋째가 서운함을 비추면 형제들이 재빨리 상황을 깨달아 책임을 나누어야 한다.

빙산도 수면 아래에 잠긴 부분이 훨씬 크고, 병도 깊어진 후에야 알게 되듯이 오랜 시간 동안 쌓여서 알게 된 덫에는 고통이 잠겨있는 것이다. 그래서 상대가 고통을 공감하지 않고 외면하면 손을 놓아버리거나 떠날 수도 있다. 셋째가 부모 일에 손을 놓아버리고 이제 형제들이 알아서 하라고 한다면… 잘해주던 연인이나 친구가 떠나버린다면…

  인간관계가 얽힌 세상을 살아가면서 내 이익을 위해 남을 곤경에 빠뜨리는 덫을 놓아서는 물론 안 되겠지만, 덫에 걸리지 않게 살아야 하는 것도 자신의 몫이다. 그나마 구조대의 도움으로 덫에서 풀려난 고라니의 모습이 오늘 하루의 위안이 된다.

이별은 안다

이별을 위한
어떤 위안도
이별의 무게보다
가볍다는 것을.

영혼이 따라올 시간

스피드가 성공의 잣대라고 할 만큼 바쁜 세상에서 쉬어가는 시간은 중요하다. 가령 학습과 경험에 의한 정보는 수면 중에 뇌에서 처리되고 저장되며 완성된다고 한다. 계속 학습만 하는 것은 마치 소화할 틈도 주지 않고 배불리 먹기만 하는 것과 같으므로 쉼 없이 밤새워 공부하는 것은 정말 현명하지 못한 일이다. 이 내용은 오래전 어느 정신과 의사가 쓴 글에서 본 내용인데, 이제는 뇌과학의 보편적 지식이 되었다.

유럽의 한 탐험가가 남미의 고산지대를 탐험하며 짐을 운반하기 위해 원주민을 고용했다. 산을 한참 올라가고 있었는데 짐을 진 원주민들이 더 이상 가지 않고 멈췄다. 일정이 바쁜 탐험가는 화를 내기도 하고 위협도 하며 재촉했으나 원주민들은 움직이지 않았다. 몇 시간이 흐른 뒤에야 그들은 짐을 지고 움직이기 시작했다. 탐험가가 물었다. "왜 멈추었던 것이오?", "우리가 쉬지 않고 너무 오래 걸어서 영혼이 따라오지 못해 영혼을 기다렸다오." 원주민의 대답이었다.

'안식년'의 개념은 유태민족에게서 시작되었다. 유태인은 '열심히 일하라'뿐만 아니라 '잘 쉬어라'도 강조한다. 그들은 6년간 일한 후 7년째 되는 해를 안식년(sabbatical year)으로 정해 재충전의 시간으로 활용한다. 안식년에는 땅의 경작도 쉬었다. 안식년을 일곱 번 보낸 다음 해, 즉 50년째는 '희년(禧年, year of jubilee)'이라고 하여 모든 계약관계를 정리하며 새로운 시작을 하였다고 한다.

삶의 여백이란 인간의 원초적 욕구이므로 쉼표가 없는 생이란 결국 잃는 것이 더 많다. 자동차의 제왕이었던 포드는 '일을 모르는 사람은 엔진이 없는 자동차와 같고, 휴식을 모르는 사람은 브레이크 없는 자동차와 같다'고 하였다. 에디슨은 발상의 벽에 부닥치면 해변이나 강가에 나가 낚싯줄을 드리운다고 하였다. 파도와 바람, 그리고 햇볕으로부터 아이디어를 낚을 수 있기 때문이란다.

'회복시간'은 창조성과 긴밀하게 연결되어 있다. 음표들 사이에 쉼표가 있어야 음악이 만들어지고 문자들 사이에 공간이 있어야 문장이 만들어지듯이 사랑과 우정, 깊이와 차원이 성장하는 곳이나 일과 일 사이에는 여백의 공간이 필요한 것'이라는 짐 로허의 명쾌한 비유는 정말 멋지다.

  일을 진정 좋아해서 즐겁게 몰입하는 것은 멋져 보인다. 그렇지만 강박적으로 일에 집착하여 일에 매달리지 않으면 불안하고 자기 자신은 물론 주변 사람들에게도 여백의 공간을 주지 못하는 '일 중독(workaholic)'을 멋지다고 말하기는 어려울 것 같다. 여백의 의미가 적절하게 조화된 리듬이 있는 삶을 그려본다.

징검다리

낮에 내린 빗줄기에
물살이 제법 통통해졌다

풀들이 물결들과 반짝이며
낮에 놀다 흘려보낸 산골소년의
나뭇잎 배를 추억하는 동안
성큼 다가온 산그늘에
시냇물 앞서거니 뒤서거니,
갈 길 바쁜데도
물보라 꽃처럼 피워내며
디딤돌 안아주는 모습이 따스하다

디디며 오가는 세상
아침은 먼동을 딛고 오고
저녁은 노을을 딛고 가듯
어둠을 딛고 떠오른 총총 별빛이
풀벌레소리 데리고
여울을 건너고 있다.

비교하기와 행복

오늘도 친구모임 SNS에 행복을 위한 지혜의 글들이 올라온다. '행복 10계명' 등 제목들이 마치 신앙 계율처럼 뭔가 비법이 있을 듯 유혹적이어서 열어보곤 하는데, 자주 등장하는 비법의 하나가 '남과 비교하지 말라'이다. 강조가 많은 것을 보면 잘 안 되니까 그런가보다.

사실 비교하는 것이 참 많기는 하다. 외모, 학벌, 재산, 아파트 평수, 자동차, 자녀 진학, 배우자 직업이나 직장, 옷과 가방까지… 요행히도 내가 더 나은 편이면 괜히 으쓱해지기도 하지만 열등하면 자존심이 상하기도 한다. 남의 좋은 것을 칭찬할 때는 흔히 질투도 배어있기도 하고, 비교가 갈등과 싸움의 원인이 되기도 한다.

비교는 다른 사람과의 상대적 관계 속에서 존재감을 나타낸다. 보여주고 내세우고 싶은 것이 있을 때 존재감의 욕구는 더 살아나니 비교하지 않고 살아가기는 어려운 일이다. 그런데 비교가 행복에는 방해된다고 하니 '비교하지 않는 것이 좋다'와 현실적으로 '비교도 좀 하며 살 수도 있지 않은가'라는 두 갈래의 생각이 번갈아 드는 것이다.

바람직한 것은 비교 자체를 잊는 것일 게다. 나의 금연경험을 되돌아보면 흡연욕구를 억제하려고 노력하다가 여러 번 실패한 후 담배 자체가 아예 생각나지 않게 하는 나름의 의식(儀式)을 통해 금연할 수 있었다. 불가(佛家)에서의 금욕이란 '참는 것이 아니라 아예 생각조차 나지 않은 것'이 아닐까 하는 생각도 하게 되었었다. 결국 비교도 의식에서 없애면 삶에서 사라지는 것이리라.

만일 비교를 떨쳐낼 수 없다면, '내가 가진 것은 보지 않고 남이 가진 것만 바라보는 사람은 행복하기 어렵다'는 조언에 귀를 기울일 필요가 있다. 두루 갖춘 사람이 자신이 갖지 못한 하나를 가진 친구를 부러워하여 행복감을 느끼지 못하는 우를 범하지 말라는 뜻이다. 누구나 모든 것을 가질 수는 없는 법이어서 풍족해 보이는 사람도 대개는 남모르는 고충과 열등감을 느끼는 것이 있다. 흔히 '행운의 네 잎 크로버 한 잎을 찾으려고 행복의 수많은 세 잎 크로버를 짓밟지 말라'라는 경구와 같은 의미일 것이다.

비교도 좀 하면서 살더라도 자신에 대해 솔직해야 행복에 다가갈 가능성이 높아진다. 하버드대 샤하르 교수의 지적처럼 완벽을 추구하는 사람에게 세상이란 인정받지 못할까 하는 불안과 실패의 두려움으로 가득한 긴장

된 곳이다. 남들과의 비교에서도 솔직한 감정을 숨기며 살아간다면 블랜튼의 말처럼 혼신의 힘을 다해 행복을 가장하면서 기진맥진하는 것은 아닌지 살펴볼 일이다. 결국 나의 현실을 긍정적 에너지로 삼는 태도가 행복을 위한 비교의 묘미가 아닌가 싶다.

너를 보내며

그가 나지막하지만 단호하게 말했다
보내야 한다고…
네가 무너지면 내가 무너지고
내가 무너지면 네가 무너진다면서

함께 서기 위해
너를 떠나보내야 한다고 했다
아픔보다 슬픈 일이다
생경한 이름의 뿌리를 박기 위해
참 편안했던 너를 뽑아 보내야 했으므로

생애 처음으로 너를 떠나보낸
텅 빈 공간이 낯설다.

- 치과를 나서며

나무들의 숲

'나무와 숲'은 내 삶의 키워드이다. 나무는 개체를 의미하고 숲은 전체를 상징한다. 나라가 숲이면 국민 한 사람은 나무이고, 조직이 숲이면 구성원은 나무이며, 가정이 숲이면 가족은 나무인 것이다.

나무와 숲의 관계, 그러므로 개체와 전체의 관계는 청년시절 나의 세상 바라보는 눈으로 들렀다가 지금은 주인처럼 자리를 잡고 있다. 둘의 관계는 숲을 위해 나무들이 존재하는 '숲속의 나무'일 수도 있고, 나무의 존재를 먼저 존중하는 '나무들의 숲'일 수도 있다.

나는 '나무들의 숲'에 더욱 마음을 기울이게 되었다. 그렇다고 해서 숲에 의지하지 않고 나무가 홀로 살아갈 수 있다는 것은 아니다. 전체와 개체는 서로가 얽힌 한 몸인데 어찌 나누어 생각할 수 있으랴만, '숲속의 나무'로부터 점차 개체의 생명력에 더욱 마음을 두게 된 것이다.

나무는 숲의 생존을 외면한 채 자신의 생명만을 챙기는 이기적인 나무가 아니라 숲의 무성함을 위해 자생의 힘을 갖추는 나무이다. 나무 한 그루 한 그루가 자생력으로 건강할 때 숲에는 융합의 에너지가 더욱 솟는다. 성공하는 전체를 위해 때로는 개체의 희생이 고귀하다. 그러나 개체의 일상화된 희생으로 유지되는 전체는, 전체와의 끈을 아예 떼어버리는 개체의 자유가 슬픈 자유이듯이 허울의 성채이다.

홀로 설 수 없어서 함께 서는 것보다 홀로 설 수 있는 개체들이 함께 설 때 둘은 더욱 건강해지는 것이다. 그러면서도 홀로 서기 어려운 나무들을 보듬어 안아주는 숲, 그러한 푸른 숲이 나의 이상향이 되었다.

숲의 기억

1. 푸른 잎 하나

그대 꽃으로 피어날 때는
파계의 숲길로 오라 숲에는
담쟁이 푸른 잎 하나,
연둣빛 싹이 초록으로 짙어가며
오래 기다린 천년의 소나무
등걸 속에 자라나
그대를 맞이할 것이니

푸른 잎 제 색으로 익어가느라
시간은 빠르거나 혹은 더뎌지고,
여린 싹 틔우는 작은 기척에도
나무들은 새소리를 들려주지.

2. 꽃의 두근거림

길섶 문득 제비꽃을 만나면
꽃의 눈으로 세상을 보리라
처음 피어나는 두근거림으로
숲은 깨어나
뿌리들이 서로 얽혀갈 때
낮잠 달게 자고 일어난 듯
나뭇잎들 서로 따스하게 부비고
어린 단풍나무 하늘로 기지개를 켜지

꽃은 발돋움하여
하늘에 솔방울을 매달면
밤이면 별이 반짝이고
가슴에는 둥근달이 떠오르지.

3. 노래의 날개 위에

달빛 은은함의 힘으로
새는 한 번 더 날아오르지
단맛이 우러나는 바람이 일고
골짜기를 훠이~ 돌아
숲을 기웃거리면
꽃은 바삐 파닥이다가
새처럼 날개를 접지
별처럼 잠이 들다가 눈을 뜨면
새벽이다가 아침이기도 하지

숲엔 안개가 오르고
너울너울
꽃은 숲이 부르는
노래의 날개 위에서
새 하늘을 열며 춤을 추지
너울너울 춤을 추지.

모든 하루는 작은 인생

　모든 하루는 작은 인생이다. Each day is a little life! 인생 전체를 통째로만 볼 것이 아니라 하루하루도 인생이 된다. 어느 날 문득 '내가 꿈꾸었던 인생을 살아온 것인가?' 하는 생각이 들곤 한다. 열아홉 풋풋한 청년으로 고향을 떠나 두리번거리며 들어선 인생여정, 미지의 세계에 대한 호기심과 두려움, 그리고 미래에 대한 낙관적인 기대와 설렘이 가슴에 일렁였었다.

　어느 날 '내가 꿈꾸었던 인생이 선명하게 있었던가… 무엇이었지?' 맞닥뜨리는 현실에 맞추어 살아온 날들… 앞날에 관한 생각들을 정리하여 삶의 지도를 어렴풋하게나마 그려 본 것은 불혹을 넘어설 무렵이었다. 이런저런 변경들도 있었지만 항로의 큰 흐름은 유지되었던 것 같다.

　어리석은 사람의 생각은 과거에 머물러 있고, 평범한 사람은 현재만 생각하며, 지혜로운 사람은 미래를 생각한다고 했다. 어제를 흐지부지 보내고 오늘도 그렇게 지내는 사람이 내일이라고 해서 좋은 날을 만들 수 있는 확률은 낮을 것이다. 시간을 생산적으로만 보내라는 뜻이라기보다 의미와 즐거움이 함께 깃들면 좋은 하루들이 될 것이라는 생각이다.

목걸이가 인생이라면 구슬은 하루하루이다. 구슬이 서말이라도 꿰어야 보배라고 했다. 구슬 없이 목걸이를 만들 수는 없듯이, '하루는 작은 인생'이 소중한 이유이다. 인생의 어느 시기에 있든 어떤 목걸이를 만들 것인지를 그려가면서 구슬 같은 하루하루를 살아야 한다는 생각이 새삼 드는 것이다.

우리 기쁜 날들

내가 할 수 있는 일은
우리 하루마다 부르는
노래의 날개 위에
그저 꽃 한 송이 얹는 일

내가 할 수 있는 일은
꽃 한 송이 가슴에 달고
노래 부르는 그대의 음계마다
가만히 기대어 보는 일

손길 닿으면 꽃들은 살아나
속살을 열고
숨결 닿으면 노래들은 일렁이며
푸르게 물결치는데
그대의 얼굴 하나 빚지 못하는 구름들은
무슨 낯으로 떼 지어 다닐까
한 줌의 사랑이면
우리 기쁜 젊은 날 빚을 수 있는데

내가 할 수 있는 일은
노래의 날개 위에 꽃 한 송이 얹는 일
그대의 음계마다 기대어 보는 일
사랑 한 줌이면
기쁜 우리 젊은 날.

책임지고 물러나겠다?

"잘못되면 책임지고 물러나겠다.", "물러날 각오로 일하겠다." 선거철에 정치인들이나 장관 등 높은 공직을 맡게 되는 사람들이 출마하거나 취임할 때 흔히 하는 말이다. 결론적으로 말하면, 그런 언사가 정말 진정성이 없고 무책임하다고 생각한다. 실제 일이 잘못되었을 때도 '책임지고 물러난다'고 발표하는데, '책임을 못 지고 물러난다'가 정확한 표현이다. 일이 엉망이 되었는데 본인은 권세를 누리다가 물러나면 그만이지만 망가진 조직과 남은 사람들은 무엇이란 말인가!

책임이란 자신이 가진 것을 잃을 때 진정성이 있는 것인데, 물러난다는 '자리'는 유지한 기간만큼 누린 것이지 잃는 것이 아니다. 결국 잃는 것이 없다면 진정성이 없음은 물론 아무런 책임도 지지 않은 것이다.

다음처럼 하면 진정성을 믿어주겠다. "이번 선거는 우리 당이 꼭 이기도록 하겠다. 나의 전 재산을 건다. 나를 대표로 뽑아 달라!" 또는 전 재산이 아니더라도 "일을 잘해서 물러나지 않을 각오로 일하겠다. 만일 일이 잘못되면 자리에서 물러나면서 나의 재산 20억 중에서 기본생

계비를 제외한 15억 원을 내놓겠다"쯤이라도 된다면 말이다.

  중요한 공직이나 선출직은 일을 그르치지 않아서 물러나지 않을 각오로 일하는 곳이지 하다가 물러나면 그만인 자리가 아니다. 시장경제의 현실에서 사업하는 분들은 작은 가게를 하더라도 경영이 잘못되면 재산을 잃는다. 그들이 자신의 소유를 지키기 위하여 얼마나 용기를 내어 노심초사하면서 인생을 거는지 안다면 공직이나 선출직도 버금가는 규율이 있을 때 진정한 노력이 발휘된다고 믿는다.

수박을 먹다가

이놈 때깔 좀 보게
그래두, 두드려봐야 알지
진초록 결결이 두른 띠가
단서가 되는 듯하더니
시진(視診)에서 타진(打診)이 되었다

통통 두드려 봐
탁한 소리 말구 맑은 소리 나는 걸루
청아한 맑은 소리…
만삭의 속살, 참 발갛게 곱다
햇빛 별빛마다 어떻게 익어갔을까

한 입 베어 물다가 문득
내 머리를 통통 두드려본다
둔탁해, 열어본들…
몇 번의 계절을 더 익어야 할까.

멍 때리기

 현대인의 특성 중의 하나가 고독이라고 한다. 세상과의 어울림이 불편하고 타인과 진실한 소통을 하지 못하고 있다는 느낌… 현대사회는 과거보다 여러 커뮤니티에서 더 빈번하게 사람들과 어울려 살아가고 있는 것 같은데 왜 고독하다고 할까.

 영국의 정신과 의사 랭(R. D. Raing)은 저서 「분열된 자아・The Divided Self」(1960)에서 고독의 실체를 보여주고 있다. 정신분열증에 대해 쓴 책이지만 보통 사람들도 충분히 경험할 수 있는 문제를 다루고 있다. 사람들의 내적인 진정한 자아가 사회생활에 초점이 맞추어진 '외적 자아 또는 사회화된 자아(socialized self)'와 합치될 때는 문제가 없지만 갈등 또는 분열상태가 되면 문제가 생긴다.

 남의 시선에 아랑곳하지 않고 자기 생각대로 말을 하고 행동하는 사람들에게는 신경증적 문제가 잘 생기지 않는다. 사실 사람들은 내적 자아가 원하는 대로 표현하며 행동하고 싶어 하지만 관습과 사회는 잘 허용하지 않는다. 현실적으로 타인의 기대와 요구에 어느 정도라도 맞추어주어야 생존하고 적절한 관계를 유지할 수 있다. 그래서 내키지는 않더라도 스스로를 억제하며 분위기에 맞는 언행으로 처신을 잘해야 하는 것이다. 자신은 고통스러운데도 고통을 말하는 것은 금기시된다. 개인적인 문제이므로 남들이 불편하지 않게 스스로 알아서 처리해야 하는 일이기 때문이다. 사회화된 자아로 충실하게 행동한 시간들이 지나 자신에게 돌아와 보면 내면의 자아는 지쳐 있다.

사실 분열된 자아 상태의 지속은 매우 위험하다. 나에게는 소홀하고 남에게 더 많은 신경을 쓰며 자신의 안으로 도피한 전형이 '82년생 지영이'다. 그래서 내면의 자아가 사회화된 자아에게 짓눌리지 않게 애쓰자고 부르짖고 독려하는 가령 「미움 받을 용기」, 「행복한 이기주의자」 등의 책들의 인기가 많아지는 것도 자아를 보듬으려는 노력의 한 반영일 것이다.

당당하게 또는 지혜롭게 자신의 고통을 표현하지 못하는 억누름의 반복은 스스로에 대한 자책과 불안을 누적시키며 '군중 속의 고독'을 느껴 세상과의 관계에서 벗어나고 싶은 욕구를 강화시킨다. 이러한 상황을 극복하려는 적극적 노력의 하나가 정신수련이다. 선(禪)이나 기

(氣) 수련, 요가와 같은 방법은 외부와 자신이 하나가 된 것 같은 일체감을 충족시켜 혼자여도 평안하며 외롭지 않게 한다.

그러나 보통사람들에게 정신수련은 쉽지 않다. 그래서 수련과 같은 의식적인 노력도 하지 않아도 자신만의 세계에 온전히 침잠할 수 있는 시간과 공간을 찾는다. 그냥 홀로 멍하니 세상이나 사물을 바라보는 시간이 편하고 자유로운 것이다. 그런 시간과 장소로 이끌려 물이든 불이든 무엇이든 '멍 때리기'는 여가문화의 한 아이콘처럼 된 것이 아닐까⋯ 우리나라의 강과 산, 그리고 호수와 해변 곳곳에 멍 때리기 좋은 카페가 번성하는 이유 또한 그렇지 않을까 하는 생각이 든다. 커피 향 좋은 강변 카페를 찾아 나를 맡겨두는 시간이 그리운 오후다.

괜찮아

솔직하지 못했어
서운했지만 웃어주었어
아팠지만 태연하게 보이려 했어

너에게 나
나에게 나
그래서 나에게 미안해
화가 나기도 해

괜찮아
모두 너야
그도 그럴지 몰라
우리는
하나로 가는 길을 걷고 싶을 뿐
끝나지 않아도 괜찮을 만큼만.

인연

　세상의 모든 존재는 시간과 공간으로 정해진다. 그래서 인연은 시공의 어느 교차점에서 시작되는 것이다.
　신문기사의 내용은 경이로웠다. 미국 항공우주국(NASA)에서 3만 광년 떨어진 곳의 별을 발견했단다. 그 빛이 별에서 출발해서 지구까지 도달하는 데 3만 년이 걸렸다는 이야기가 아닌가? 1광년은 빛이 1년간 가는 거리이니 약 9조 5천억km가 된다. 지구 한 바퀴가 겨우 약 4만km인데… 그런데 은하 중에서 지구에서 가장 가까운 마젤란은하는 17만 광년, 안드로메다은하는 200만 광년, 퀘이사 성단은 30억에서 100억 광년이나 먼 곳에 있다고 하니 그 광대함은 짐작조차 되지 않는다.
　시간은 또 어떠하랴. 불교에서 사용하는 긴 시간 단위인 겁(劫)은 본래 인도에서는 범천(梵天)의 하루, 곧 인간계의 4억 3,200만년을 의미한다고 한다. 그런데 옷깃을 스치는 인연이 되려면 500겁이 필요하고 부부의 인연이 되려면 7,000겁이 필요하다고 하니 그 기나긴 세월 또한 헤아리기도 어렵다.

그러하니 무한하게 넓은 우주의 억만 겁 세월에서 한 교차점에서 만나는 인연이란 참으로 귀한 일이 아닐 수 없다. 그럼에도 인연을 잘 가려야 한다는 충고들은 귀한 만남인 만큼 신중해야 한다는 뜻일 게다. 사실 선연(善緣)인지 악연(惡緣)인지를 처음에 알기는 참 어렵다. 처음엔 대수롭지 않지만 나중에 소중한 인연이 될는지, 지금은 소중한 것 같아도 나중에는 어떻게 될는지 알 수 없는 노릇이다. 처음부터 잘 판단하는 안목이 그리 쉬운 일은 아니기 때문이다. 어쨌든 사람들이 인연을 선택하는 몇 가지 기준들이 있는 것 같다.

우선 '이익이 되는 사람인가 아니면 손해가 되는 사람인가'가 아닌가 싶다. 이익이 될 사람은 가까이 하고 손해가 될 사람은 멀리 하게 되는 것이다. 또한 '바른 사람인가 아니면 그른 사람인가'도 기준이 된다. 언행을 보고 그른 사람은 피하고 바른 사람을 선호하게 되는 경우가 더 많을 것이다.

그리고 '호감이 가는 사람인가 아니면 싫은 사람인가'로 판단하는 경우도 있다. 손익과 무관하게 어떤 사람은 호감이 가고 어떤 사람은 싫은 것이다. 그러므로 싫은 사람은 멀리 하고 호감이 가는 사람을 가까이 하게 되는 것이다. 또한 취향이나 생활스타일 등이 '편하게 어울릴 수 있는 사람인가 아니면 불편한 사람인가'를 의미하는 유유상종(類類相從)도 사람을 가리는 경우에 속한다. 나에게 도움이 되고 바른 사람인 줄 알면서도 교우하기가 편하지 않은 사람도 있는 것이다.

인연을 가리는 기준을 세세히 살피면, 아마도 사람의 숫자만큼 될 것 같다. 여러 경로와 사연으로 만남이 이루어지지만 얼마 전 읽은 글에서는 함부로 인연을 맺지 말라고 충고하고 있었다.

> 진정한 인연과 스쳐가는 인연은 구분해야 한다. 진정한 인연은 좋은 인연이 되도록 노력하고 스쳐가는 인연이라면 지나치도록 내버려 두라. 진정한 만남만으로 인연을 맺어도 좋은 삶을 살아가는 데 부족함이 없다.
>
> 인연 맺음에 너무 헤퍼서 옷깃을 한 번 스친 사람들까지 모두 인연을 맺으려고 할 필요는 없다. 잘못된 인연이라고 여겨지면 빨리 끝매듭을 짓는 것이 좋다. 잘못된 인연을 억지로 이어가다 보면 그들에 의해 삶이 침해되는 고통을 받게 된다. 대부분의 인연의 고통은 진실이 없는 사람에게 진실을 쏟아 부은 대가이다.

어쨌든 만나는 인연들을 함부로 대하지는 말되 잘 가리고, 오래 이어가는 인연들은 선연으로 살아가면 좋겠다.

알고 싶습니다

알고 싶습니다
당신 같은 사람이
왜 세상에 존재해야 하는지를

당신은 왜
고요한 세상 요동치게 하고
잘 정돈된 시간들을
헝클어 놓으려 하나요

나는 알 수 없어요
어떻게 작은 목소리의 흥얼거림
생긋거리는 웃음이나 졸고 있는 오후
보드랍지도 않은 손
향기도 없이 날리는 머리칼
통통 걸음으로도 한 풍경이 되는,
뭐 그런 하찮은 것들을 가지고도
북소리 울리듯
세상을 둥둥 뜨게 만드는지

당신을 떠올리는 것만으로도
가지런한 과거와
반듯하던 미래 같은 것들이
천천히 또는 갑자기 헝클어져 버리는
뭐 그런,
그렇게 해서 당신이 얻는 것이 무엇인가요

당신 같은 사람은 도무지
하루에 스물네 시간 이상을
생각할 필요가 없어요

당신은
세상을 망가뜨리러 온 것이
틀림없어요

정말 알고 싶어요
당신 같은 사람이
언제부터 존재하게 되었는지를

그리고
가을 숲 바람마다

흩날리는 햇빛 한 조각씩 채어
나뭇잎에 달아주는 산새나
여름바다 물결마다 반짝이는
은빛조각 채어 낮별로 띄우는 물새처럼
왜 팔딱이는 맥박마다 내 정신의 세포
한 조각씩 채어가나요

당신은 알고 있기나 한가요
당신 때문에 도대체 엉망이 되는 것이
나 한 사람만으로 충분하다는 것을

당신이 존재한다는 사실만으로
현명함과 우둔함, 기쁨과 슬픔, 갈망과 체념,
있음과 없음, 설렘과 태연함,
섣부름과 망설임, 보임과 감춤 같은
그런 것들이 왜 생겨나야 하나요

정말 알고 싶습니다
어떻게 당신 같은 사람이
세상에 존재하게 되었는지를…

공중주막

 결국 아파트 전망층수가 문제다. 풍광 좋은 전원주택은 천지사방에 싹이 돋고, 꽃이 피고 지며, 햇살이 들거나 비가 오거나, 색색 단풍이다가 눈이 내리든지, 냇물에 골짜기 전설을 실은 나뭇잎이 떠내려 오고… 온통 술 마실 구실들이라 아파트로 온 것이다. 물론 나의 뜻은 아니었지만.

 칠사산 아래 십 층쯤 되다보니 저 아래 경안천이 흐르고 해질 무렵이면 제법 하늘빛도 물빛도 붉어진다. 석양은 늘 유혹의 눈으로 나를 불러들이는 것이어서 결국 노을에 취해 바둥거리다가 비장의 술통을 꺼내어 베란다에 전을 펼치는 것이다. 베란다는 나의 공중주막! 진부령 황태구이며 그리움과 함께 긴급 배송된 회 한 접시가 주심(酒心)을 돋운다.

 얼씨구 좋겠다! 석양 붉다고, 여름비 내린다고, 뒷산 느티나무 잎 떨어진다고, 건너 산 산짐승 소리에 화답해야 한다고, 경안천에 눈발 내린다고 술상을 펴니… 핀잔 한 마디도 안주 한 접시가 된다.

 술친구 곁에 있으면 좋으련만! 그리운 추억 불러내어

왼손이 오른손에 따르고 오른손이 왼손 벗을 하니 이 또한 흥취일세. 석양은 내 마음 불타는 정념 남겨둔 채 홀로 서산 넘어가고… 술병이 비었다. 인생은 늘 갈림길, 적당히 멈추어야 했다는 것을 알게 될 때는 아침이다. 어쩌랴. 미리 다 알아버리면 인생 무슨 맛이랴!

속살을 열어주렴

맨 정신으로는
너를 보낼 수 없어서
소주 한 잔에 기대고 있어

등 푸른 바다에서
생애 가장 처절한 몸부림으로 버티며
촘촘 그물 혹은 바늘에 꿰어
애절한 눈빛의 구원을 바랬을 너를
어찌 쉬이 보낼 수 있으리

훗날 너의 바다를 만나면
마지막 한 숨까지 굴하지 않으며
그리움 담아 눈을 감던
너의 장렬한 최후를 전하리니
이 밤은 나를 위해 네 속살을 열어주렴.

배달의 민족

배달의 민족! 어릴 적부터 들어온 우리 민족이 이름이다. 지금은 오히려 배달전문회사로 더 알려져 있다. 왜 우리 한민족을 배달의 민족이라고 했을까?

계연수가 지은 「환단고기(桓檀古記)」의 삼성기(三聖紀)에는 우리 민족 최초의 국가는 환국(桓國)이었고 통치자를 환인(桓因)이라 하였다. 환국에 이어 새로운 왕조를 연 거발환 환웅(桓雄)은 나라이름을 배달(倍達)이라 하고 신시(神市)에 도읍을 정하였다. 단군(檀君) 왕검(王儉)보다 1,565년 전의 일이다. 현재 교과서에서는 단군 이전의 민족사는 신화(神話)로 보고 있지만, 민족사관의 관점에서는 실존의 역사(歷史)로 보고 있다. 가령 단군기원과 관련이 있는 곰과 호랑이는 당시 실존했던 곰족(熊族)과 호랑이족(虎族)을 의미한다는 것이다.

즉 배달은 고조선 이전의 우리 민족의 나라이름이었다. 환국은 너무 광범위하였으므로 배달이 좀 더 직접적인 한민족의 상고시대 국가이름이다. 관련 사료(史料)들에 의하면, 우리 한민족은 배달시대와 단군시대에 현재의 중국대륙에서 한족(漢族)과 자웅을 겨루며 군림하였다. 그러나 역사가 흐르면서 민족의 세력이 약화되어 역사자료들이 훼손되고 중국에 대한 사대사상과 일본의 식민사관에 의해 현재의 위축된 민족사가 되었다고 보는 것이다.

특히 한민족의 '한'은 우리 민족정신의 핵심적인 상징어이다. 한민족, 한겨레, 한글, 한얼… '한'은 우리의 시간과 공간에 두루 스며있다. 나는 국어학자가 아니므로 내가 생각하는 '한'의 용례가 문법적으로 모두 옳은 것인지는 알 수 없다. 하지만 '한'이 사물의 존재를 규정하는 시(時), 공(空), 질(質), 량(量) 등 모든 영역에서 일상적으로 두루 쓰이고 있음을 볼 수 있다.

가령 한마음이나 한솥밥 등은 '우리는 하나'라는 전체적인 동질성과 통합성을 나타낸다. 또한 시간적으로 보면 '한평생'이나 '한동안' 등은 시간의 전체나 긴 기간을 의미한다. 그리고 '한낮'이나 '한밤중' 등은 시간의 중심을 의미하며, '한 사흘쯤'과 같은 용례는 불특정한 시간의 의미로 쓰이고 있다.

공간적으로 보면 '한길'이나 '한밭' 등은 넓음을 의미하고, '한복판'이나 '한가운데' 등은 공간의 중심을 나타내며, '어디 한 군데' 등은 불특정 공간을 뜻한다.

질적인 면에서 보면 '한여름'이나 '한창 때' 등은 어떤 절정의 상태를 뜻하고, '한껏'이나 '한바탕'과 같은 쓰임새는 절정의 표출을 뜻하며, '한갓'이나 '한낱' 등은 뭔가 작고 약한 의미를 나타낸다.

　양에 관한 쓰임으로는 많음을 뜻하는 '한 아름', 적음을 의미하는 '한 줌'이나 '한 푼' 및 '한 끼' 등이 있다.

　'한'의 쓰임새는 내포와 외연을 모두 포괄하며 미치지 않은 데가 없어 배달민족의 드넓은 기상을 생각하게 하는 것이다. 대륙의 중원을 호령하던 배달의 한민족. 들꽃처럼 끈질기게 이어온 우리 민족역사의 뿌리를 되찾을 날을 기다린다.

들꽃記

골 구비마다 패인
시간의 궤적軌跡들이
산자락까지 내려 꽃으로 피었다

내보이지 않아도
감출 수 없는 네 속닢
연륜 따라 결 지어 온 껍질
뿌리를 깊일 때마다 느껴 온
대지의 체온과
꽃잎을 열 때마다 새겼던
하늘 빛깔들이
씨맥脈으로 오늘도 흐르고 있다

갈채 가득했던 무대 위에서 너울졌던
너의 몸짓
길손들이 네 춤사위 품에 평화롭고
햇살은 새벽을 깨워
온통 네 빛깔 들판을 비추었던 전설

세월에 지쳐 태양은
어두운 그림자로 표류하고
신神이 외면한 광야에서
끝내 흐르고 마는 눈물을 훔치며
핏발을 돋우어 지켜온 들판
우리의 땅

한 움큼의 영혼을 움켜잡고
다시 한 송이
들꽃으로 피어나야 하는
너의 겨울을
가벼운 가슴으로는 말할 수 없다

네 속살을 헤쳤던
모든 영웅들의 칼끝은 부러져
그대의 발아래 버려지고
거친 숨결은 네 젖가슴에 잠들다

웃음은 처절한 울음 속에서 피어나고
오만을 딛고 일어선
겸허의 눈빛

깊은 숨 일으켜
솜털마저 살아나는 들꽃
유폐幽閉의 땅에서 한가롭던 깃발이
다시 날리고
동트는 아침빛으로 꽃잎을 열다

이제는
우리의 믿음이 빛날 시간이다
전설의 춤에
다시 힘이 돋아
갈채의 무대 위에서 너울진다.

- 〈건군 42주년 문예공모 시 당선작〉 국방일보, 1990.

실패는 성공의 어머니?

실패가 성공의 어머니라고 한다. 매스컴에서 보면 실패와 역경을 극복한 성공한 사람들이 스토리를 드라마처럼 펼쳐 보이면서 좌절하고 있는 사람들에게 용기와 희망을 북돋운다. 그러나 현실에서는 실패를 딛고 일어난 경우도 있지만 그렇지 못한 경우도 많다. 실패의 상처들이 성공신화의 그늘에 묻혀있는 것이다.

나는 오히려 성공이 성공의 어머니가 아닌가 하는 생각이 들 때가 많다. 현실적인 경험을 보면, 세일즈에서 성공한 사람과 실패한 사람이 다음 세일즈에서 성공할 확률, 데이트 프로포즈에 성공을 경험한 경우와 실패한 경우에 다음 기회에 성공할 확률은 어느 쪽이 더 높을까?

대학생들에 대한 강의에서 남학생들을 대상으로 '만일 어느 여학생에게 데이트를 신청했는데 거절을 당했을 때 다시 용기를 내어 데이트를 신청할 학생들이 10명 중 몇 명이나 될까?'라는 질문을 던져보았다. 이 글을 읽는 독자들의 생각은 어떨지… 한두 명 정도일 것이라는 대답이 가장 많았다. 그런데 '만일 어느 여학생에게 데이트를 신청했을 때 성공했을 경우 다른 여학생에게도 데이트를 신청할 학생들이 10명 중 몇 명이나 될까?'라는 질문에는 '훨씬 많을 것'이라는 대답을 하였다.

보통사람들은 대개 첫 시도에서 실패하면 자신감과 의욕에 데미지를 입는다. 가령 입사시험이나 자격시험, 또는 승진경쟁에서 실패를 거듭하면 새로운 용기를 내야 함을 알면서도 사실 심적으로 점점 힘들어지는 것이다. 그러나 시도한 것이 잘 되면 의욕이 솟고 거듭되는 성공의 경험은 다음 노력의 든든한 밑받침이 된다. 고기도 먹어본 사람이 잘 먹는다는 속담과 상통하는 것이다. 그래서 실패보다는 성공이 성공의 어머니라는 것이 더 현실적일 수 있는 것이다. 다만 성공의 마력에 끼어들기 쉬운 독소인 자만과 오만을 경계하지 못한다면 '성공이 실패의 어머니'가 될 수 있음은 유념할 일이지만.

그렇다면 실패는 실패의 어머니일까? 물론 그렇지는 않다. 실패한 경우에 사람들은 자책이나 실망 등 좌절감에 빠지기도 하고 또는 새롭게 용기를 내어 다시 도전하기도 한다. 좌절감에 빠져 있는 한 결코 '실패는 성공의 어머니'가 될 수 없다. 실패를 딛고 교훈을 찾아 새로운 도전을 하는 경우에만 '실패는 성공의 어머니'가 될 수 있다. 실패가 나쁜 것이 아니라 실패에서 교훈을 배우지 못하는 것이 정말 나쁜 것이다. 이러한 점에서 조앤 롤링의 메시지는 매우 값지다.

실패의 교훈

"실패는 불필요한 것을 버릴 수 있도록 해 주었습니다. 오히려 자유로울 수 있었습니다. 추락한 밑바닥은 제 삶을 다시 일으켜 세우는 단단한 기반이 되었습니다. 자신에 대해 많은 것을 알게 해 주었습니다. 그것은 실패가 아닌 다른 방식으로는 배울 수 없는 깨달음이었지요. 제게 강한 의지와 자제력이 있다는 사실을 알았습니다. 좌절을 겪으면서 더욱 현명해지고 더욱 강해진다는 사실도 알았습니다. 이 사실을 통해 미래에 살아남을 수 있다는 사실도 알게 되었습니다. 우리 자신이나 관계가 가진 힘, 두 가지 모두 역경을 겪기 전까지는 알 수 없습니다."

− 조앤 롤링(「해리 포터」의 저자)
2008년 하버드대학교 졸업식 축사에서

우리는 성공경험을 쌓으면서 실패의 이유보다 성공의 이유를 더 많이 만드는 것이 좋다. 그럼에도 실패한 경우에는 교훈을 찾아 다시 도전하는 마음의 용기를 다져야 한다. '젖소를 잃어버리지만 않는다면 아무리 우유를 많이 엎질러도 괜찮다'는 미국의 속담도 마음의 여유 공간 속에 담아두자. 그래서 경기란 전반전 스코어로 끝나는 것이 아니라 최종 스코어로 승패가 결정된다는 점을 스스로에게 일깨우며 진정 '실패가 성공의 어머니'가 되도록 하자!

아침 해스팅스*

문명의 덫으로 다시 추락할 뻔하였다
한 발짝만 헛디뎠다면,
팽팽한 장력이 연줄처럼 끊어짐으로써 자유롭듯
문명도 힘겨우면 스스로 놓아버린다
좁다란 평균대 같은 삶에서 균형을 잡으려고
버텼을 하루하루들이
은거할 수 없는 절망의 숲을 지나서
다다르는 평안의 거리,
한 걸음이면 닿는 태평양
등 푸른 바다는 식탁에 오르지 않았다

어둠에 기대야 생기가 돋는 빛은
한 칸씩 밀려 쓴 답안지처럼
생애의 모든 기회마다
혹은 은밀한 어느 한 곳에서 어긋났는지
흔들리는 네온사인에 휘감긴 채
욕망의 부력으로 받쳐진 후미진 허공에서
떠나지 못하고 있다

화상에 부풀어 오른 살갗처럼

열어보면 쓰라리던 희망 위로

오색으로 떠돌던 비눗방울

문명의 화살처럼 문득 날아든 아침햇살에

다시 부서져 내리는 푸른 눈동자.

 * 헤스팅스(Hastings) ; 캐나다 밴쿠버의 다운타운에서 동쪽으로 조금 떨어진 거리. 알코올 중독과 마약 등의 범죄가 많은 지역으로 알려져 있다. 허름한 건물들의 수백 미터 도로 양쪽으로 남녀 홈리스 등을 쉽게 볼 수 있다.

수평선

바닷가에 서면 나는 한 너울 파도가 되어 수평선이 궁금해진다. 수평선은 파도들의 고향이다. 우리는 나그네, 고향을 떠나고 학창을 떠나며 사랑을 떠나기도 한다. 어느 날에는 어제의 나를 떠나기도 하는 것이다. 떠남은 늘 새로운 것과의 만남이면서 떠나온 것을 그리워하게 되는 삶의 변곡점이다.

떠나온 것들을 그리워한다면 아마도 우리의 시간문화가 조금이나마 작용한 것일 수도 있겠다. 동양의 시간은 회귀하는 시간이다. 윤회하며 돌고 도는 시간이다. 그래서 우리는 돌아가야 한다. 집을 떠나면서 다녀오겠노라고 하고 고향을 떠나면서 돌아올 날을 기약한다.

동양에 비하면 서양의 기독교적 시간은 앞으로 나아가는 시간인 것 같다. 창세로부터 시작된 시간은 미래로 가기만 할 뿐 과거로 회귀하지 않는다. 메이플라워호를 타고 미국을 개척한 청교도들은 다시 영국으로 돌아가려고 했을까? 동부에 발을 디딘 그들이 서부를 개척하러 떠날 때에도 다시 동부로 돌아오는 것이 아니라 서부에 머무르는 시간을 생각했을 것이다. 그래서 동양의 축제는 모두가 돌아오는 고향에서 흥겹고 서양의 축제는 지금 사는 곳에서 펼쳐지는 것은 아닐까? 그들에게는 북새통을 이루는 무모한(?) 명절 귀향행렬이 없는 것이다.

지나간 시간이란 아름답게 그려지면 정겹고 애환이 그려지면 눈물겹다. 빛바랜 사진처럼 수평선 아련한 시간 속에 우리 생애의 기쁨과 슬픔들이 알알이 박혀있는 것이어서 어느 날엔 한 너울 파도가 되어 먼 바다를 바라보는 것이리라.

바닷가에서

바다에도
당신이 보입니다
파도가 밀려오면 박하향처럼
화사해지는 당신의 숨결도 보입니다

푸른 바다에 몸을 던지는
햇살 한 줄기
모래알만큼 흩어지면
오월의 아카시아 꽃잎 같은
당신의 눈웃음도 보입니다

아주 어린 파도 한 너울이
오래 전 떠나왔던 수평선,
깊고 거친 시간의 골짜기를 지나
바닷가의 아침에 다다른
소식을 전할 수 있다면…

작은 돛배 한 척,

갈매기 몇 마리 데리고 돌아오는
아주 작은 바닷가에서
수평선을 그리워합니다.

굴레 벗기

 색즉시공 공즉시색(色卽是空 空卽是色), 있는 것이 없는 것이고 없는 것이 있는 것이다. 찬 것이 빈 것이고 빈 것이 찬 것이다. 집착하고 있는 것들을 모두 내려놓아 굴레를 벗으면 대자유의 기쁨을 얻으리라. 그래서 어찌 해야 한다는 말인가?
 무릇 번뇌와 갈등은 소유에서 비롯된다고 한다. 무소유가 자유의 뿌리라는 것이다. 우리가 소유하는 것은 재물만이 아니다. 명예, 인맥, 지위, 공로, 사상 등 우리의 삶을 구성하는 모든 것들이 소유의 범주에 속한다. 아마도 사는 것 자체가 소유의 굴레를 만드는 과정이 아닐까… 소유에 대한 집착이 강할수록 굴레는 더 많아지며 질겨진다.
 집착의 본질은 욕망이다. 집착의 굴레란 무리하게 내 것으로 소유하려고 할 때 생겨나는 것으로, 우리를 속박에 가두어 자유롭지 못하게 하며 다툼을 만든다. 좋은 것들은 원래의 주인에게 돌려주거나 주위와 나누어야 어느 정도 욕망의 굴레에서 자유로워질 수 있다지만 생각처럼 쉬운 일이 아니다.

탈무드에서는 '명예를 잡으려고 하면 명예는 도망가고, 명예로부터 도망치려고 하면 명예에게 붙잡힌다'라고 하였다. 하지만 세상에서 재물이나 명예 같은 것들로부터 초연한 사람이 얼마나 되겠는가? 속세의 현실에서 어떻게 하면 조금이나마 굴레를 벗고 자유로워질 수 있을까… 시골 어느 절의 동자승의 지혜에서 잠시 굴레를 벗어본다.

시골의 작은 절에 주지 스님과 동자승이 살고 있었다. 어느 날 아침, 주지 스님은 마을에 다녀올 일이 있어 절을 나서면서 마당 한가운데에 원을 둥그렇게 그려놓고는 동자승을 불러 그 안에 세워놓고 다음과 같이 말했다.

"내가 마을에 잠시 다녀올 텐데, 돌아왔을 때 네가 이 원 안에 있으면 오늘 하루 종일 굶길 것이고, 만일 원 밖에 나가 있으면 이 절에서 쫓아낼 것이다."

동자승은 난감했다. 원 안에 그냥 있자니 하루 종일 굶어야 할 것이고, 원 밖으로 나가면 절에서 내쫓김을 당해야 하는 상황이었으니까. 동자승은 이런저런 궁리 끝에 '원을 밟고 서 있으면 되지 않을까'도 생각해봤지만 그러면 원 안에도 있고 원 밖에도 있는 것이니 답이 될 것 같지 않아 포기했다.

어쨌든 그러다가 주지 스님이 돌아왔는데, 그날 동자승은 굶지도 않았고 그렇다고 절에서 내쫓기지도 않았다. 주지 스님은 빙긋이 웃으며 목탁을 두드려 합장할 뿐이었다. 동자승은 어떻게 했던 것일까? 사실 동자승은 궁리하다가 빗자루로 스님이 그려 놓은 원을 쓸어서 지워버렸던 것이다. 원이 없어졌으니 원 안에 머무는 것도, 원 바깥에 나갈 일도 없어져 자유로워졌던 것이다. 동자승은 자유로워졌지만 내 안의 굴레들… 색즉시공 공즉시색, 색깔은 엷어지더라도 평생을 화두친구로 함께 지내게 되지 않을까. 후후…

가을 운문사

속세의 인연들이 운문에 가면 구름이 된다
고요할 것 같은 운문의 시간은
삼라만상의 형상들, 구름처럼
만나는 듯 헤어진다

운문사 가을의 목탁소리, 나뭇잎에 닿으면
목탁의 울림만큼 낙엽은 익어가고
절밥 오래 먹은 잎새들은
아무 새벽이라도 짐짓 놀라
감로수 물 위에 내려
새벽예불 나서는 여승을 맞는다

바라만 보고 들어설 수 없는 선원禪院,
금단의 땅일수록 왜 유혹이 강할까
처진 소나무 받치고 선 받침대처럼
승복의 여인들의 생애를
받치고 있을 무언가가 궁금하다

지난여름, 절 밭에 뿌린 씨앗
가을배추를 거두며 혹시 번뇌는 없을까
세상에 아무 것도 뿌리지 말아야 했는데
무인무과無因無果라 하였는데
뿌리면 다시 거두게 되는 인과의 세월

옛 보전寶殿과 새로 지은 보전에
두 분의 부처가 동거하는 운문사
짐짓 걱정이 앞선다
길고 멀다는 깨우침의 길
옛 보전에서 닦은 마음 씻어내고
새 보전에서 다시 시작하는 건 아닐까
지나가는 비구니 앳된 모습
새로이 수행할까 안쓰럽다

운문에 들면 자유로울 것 같았는데
오히려 떠나야 자유로울 듯,
가을바람에 낙엽들은 내가 떠나지 않았어도
자유롭게 날고 있다
흠뻑 머물다 오는 길에도
또 뒤돌아보는 가을 운문사.

교육은 콩나물 기르기

"많이 배운 것 같은데, 내용이 거의 기억나지 않습니다.", "많은 과목을 공부했는데, 업무나 살아가는 데 별로 관련이 없는 것 같습니다." 수십 년을 강단(講壇)에서 보낸 까닭에 졸업생들의 이야기를 들으면서 교육이 무엇인가에 대해 여러 생각을 해보았었다. 나름의 결론은 교육은 '콩나물 기르기'와 비슷하다는 것이었다.

콩나물 기르는 방법은 물이 빠지는 시루에 콩을 담아 하루에 몇 번씩 물을 주는 것이다. 그런데 물은 시루 아래로 빠지지만 콩에서 싹이 나와 콩나물로 자라는 것이 신기하다. 콩은 물에서 필요한 양분을 흡수하고 버리는 것이다.

모든 생명체는 외부로부터 자원을 공급받아 영양분을 흡수한 후 배출하는 과정을 거치면서 생명을 이어간다. 우리 몸도 음식과 물 등을 섭취하여 필요한 영양분을 흡수한 후 배설하는 과정을 지속해야 하는데, 한 과정만 제대로 되지 않으면 문제가 생긴다. 즉 먹지를 않거나 먹어도 영양흡수가 안 되거나 먹었는데 배설을 하지 못하면 생명에 지장이 생기는 것이다. 시루의 콩도 물이 빠지지 않으면 썩고 만다.

교육도 콩이라는 학습자에게 물을 주는 것과 같다. 학습자는 교육내용을 뇌에서 학습한 후 모두를 기억에 담아둘 수 없어 잊어버리게 된다. 한 번 배운 내용을 빠짐없이 계속 기억하려 한다면 다른 내용들을 더 담을 수가 없다. 배운 내용이 기억나지 않는다면 학습효과가 없는 것일까? 그렇지 않다. 배울 때 받아들인 만큼 '인간'이 성장하고 있기 때문이다.

교육(敎育)은 '가르친다'는 뜻의 교(敎)와 '기른다'는 뜻의 육(育)의 합성어이다. 즉 교육은 가르치고 기르는 일이다. '가르치는 내용'은 수학의 계산법이나 역사적인 사실, 컴퓨터 운용이나 운전능력 등 대개 지식과 기술이다. 주로 강의나 시청각 자료 및 실습 등을 통해서 배울 수 있다.

한편 '기르는 내용'은 도덕성과 품격 등의 인성이나 판단력, 배려, 친화력, 책임감, 결단력, 공감, 포용력, 집념, 담력 등의 정신력이다. 이러한 내용들은 지식을 공부해서 길러지는 면보다 본래의 자질과 자기성찰 및 체험 등을 통해 더욱 잘 길러질 수 있다.

평소 공부를 잘하고 성적이 좋은 학생이 중요한 시험

을 볼 때면 머릿속이 하얘지며 공황상태가 되는 것은 '지식'의 문제가 아니라 '정신력'의 문제이다. 대부분의 학교교육은 좋은 대학 진학이나 취업 등을 위해 교(敎)에 편중되어 있다. 사실 공부를 잘해서 학벌이 좋은 사람들이 도덕성 결여로 저지르는 비행이나 범죄, 그리고 포용력이나 결단력 및 담력 등이 부족하여 리더 역할을 제대로 하지 못하는 경우는 육(育)의 문제이다.

교육부가 제시하는 교육의 목적은 '미래를 준비하여 스스로 살아갈 수 있는 힘을 길러주는 것'이다. 학교를 졸업한 후에 사회생활이나 인간관계에서는 지적 능력보다 오히려 인간적 품성과 정신력이 더 중요하게 작용하는 면이 많다. 배웠던 과목내용이 지금 하는 일과 관련이 없는 것 같아 보이지만 배울 때 받아들인 영양분이 기억나지는 않더라도 정신세계의 어딘가 배어 품성과 정신력으로 작용하고 있을 것이라고 본다.

사람은 콩이다. 물을 줄 때 회피하지 말고 흠뻑 맞아 양분을 충분히 섭취하는 노력이 먼저 중요하다. 그래야 뇌와 가슴속에 지식과 정신력의 영양이 충분히 저장되어 마치 저축처럼 필요할 때 꺼내어 쓰면서 역량으로 발휘될 수 있기 때문이다. 교(敎)에 편중되어 육(育)이 소홀

하면 품성과 정신력이 약한 사람이 될 수 있다. 자라나는 아이들을 볼 때마다 학교는 물론 가정에서도 육(育)에 관심을 기울여 '멋진 인간으로 성장'하도록 하면 좋겠다는 생각이 드는 봄날 아침이다.

새싹

아침 들길을 걷다가
얼었던 땅의 옷고름을 풀어헤치며
막 돋아나는 새싹을 본다
가녀린 뿌리 한 자락의 힘으로
지구별을 우주허공에 매달고 있다
무게를 견뎌내는 안간힘,
땀방울이 송글송글하다

밤새워 먼 길 달려온 햇살이
반짝이는 땀방울을 닦아주고 있다
얼마나 수고했니?
새싹에 견주자
내 삶의 무게가 좀 가벼워졌다.

선창가 대폿집

초등학교 교직에 계셨던 부친의 전근으로 나는 설악산 아래 속초에서 청소년시절을 보냈다. 살던 동네에는 어부들이 많았고 친구 집에 놀러가곤 하면서 어촌의 생활을 가까이 볼 수 있었다. 당시 여름에는 오징어, 겨울에는 명태가 주된 어종이어서 이까바리(오징어잡이)와 명태바리(명태잡이)가 생계를 받쳐주었다.

어부들의 집에서는 대개 온 식구가 다 고기잡이에 매달려야 했는데, 가령 그 시절 겨울풍경은 이러했다. 명태는 겨울철 낮에 잡는 어종이어서 명태잡이 어선은 꽁치살로 미끼를 낀 낚싯줄 상자를 싣고 새벽에 출항한다. 차디찬 바람이 몰아치는 거친 겨울바다에서 명태잡이를 마치고 저녁 무렵 귀항하면 부두에는 무사귀환의 기도와 만선의 기대를 가슴에 담아두었던 사람들이 뱃사람들을 반긴다.

저녁 어스름 빛에 귀항한 남편들은 겨울삭풍을 걸친 채로 선창가 대폿집에 들러 거나해져서야 귀가하곤 하였다. 바닷가 포구에는 대폿집이 많았는데, 해풍과 함께 주름살갖 거칠어진 나이 든 주모의 모습은 고행 같은 삶의 속살을 그대로 보여주는 것 같았다. 어부들은 죽음으로 풍랑에 맞서며 힘겨웠던 두려움과 고단함을 술로 달래며 사나이들의 무용담을 풀어내야 잠들 수 있는 것이었다.

 아낙들은 헝클어진 낚싯줄 상자를 집에 가져가 식구들과 헝클어진 줄을 풀어내고 꽁치미끼를 다시 꿰어 가지런히 상자에 담는다. 그 작업은 방바닥에 쭈그리고 앉아 호롱불 아래서 거의 밤새워 하게 되는데, 무릎이며 허리의 뼈마디가 쑤시는 참으로 고통스런 일이다. 새벽이면 남편은 가족들의 희망과 고행으로 가지런히 정리한 낚싯줄 상자를 메고 다시 바다로 성큼 들어서는 것이다.
 바다의 사람들은 저축과 같은 미래의 삶을 기약하지 않았다. 아마도 기약할 수 없었으리라. 그것은 내일을 기약할 수 있는 사람들의 일이므로. 오늘 내가 생환할 수 있을까? 크지도 않은 배에 기상장비도 변변히 없던 시절, 출항하여 태풍을 만나면 죽음으로 이어질 때도 많았다. 항구에 거의 다다라서도 풍랑에 뒤집히는 배를 바라보아야 하는 가족들의 망연함이란!

 어촌과 농촌을 보면 서로 다른 점을 느낀다. 농사(農事)는 씨앗을 뿌려 여름에 가꾸면 가을에 수확을 가늠할 수 있지만, 어사(漁事)는 출항하면서 어획을 가늠할 수 없다는 것이다. 선창가 대폿집과 농촌의 대폿집도 '내일에 대한 기약'에서 서로 다르지 않을까… 소년의 눈에 비친 선창의 풍경도 이제는 많이 변했으리라.

동녘 포구

동녘으로 가면
아기 손바닥 같은 어린 포구마다
순교하는 바다가 있다
누구를 구원하려 했을까
오징어들이 십자가에 먼저 순교한다

후-욱 바람에 실려 오는 갯내음
오랜 세월, 포구의 내상內傷 탓이리라

사내들이 휘몰아온 그물에서 꼼짝없이
결박당한 고기들을 떼어내는
아낙들의 표정이 고기의 죽음을
인간의 삶으로 이식하는 의식인 듯
단호하고도 경건하다
생애의 가장 절박한 몸부림으로 버텼을
고기들의 애절한 죽음만큼
그녀들은 생애에서 떼어내고 싶은
절박한 무언가는 없을까

바다와 마주하면 삶과 죽음이
겨우 한 뼘,
순간임을 본능으로 터득한
어부들은 미래를 기약하지 않는다
바다에 나서면
누구도 귀항을 약속할 수 없으므로

바다에서 순교하듯
생을 마감한 어부들의 꿈이
머물며 맴도는 작은 포구,
아직도 허기진 듯
떠나지 않고 있다.

돈과 행복

돈이 많으면 그 자체가 행복을 보장하는 것은 아니지만 행복의 확률을 높일 수가 있다. 그리고 돈이 넉넉하지 않아도 행복할 수 있다. 돈으로 살 수 없는 행복도 있기 때문이다. 그러므로 돈이 많아야만 행복할 수 있다는 생각은 옳지 않다.

그러나 행복은 돈이 없어도 된다는 생각은 더욱 옳지 않다. 왜냐하면 삶은 현실이고 돈은 세속적인 것이 아니라 현실적인 것이기 때문이다.

돈이 넉넉하지 않아도 행복할 수 있는 것은 돈의 크기보다 긍정의 마음의 크기 때문이다. 세상의 사물들은 흔히 중립적인 양면성이 있어서 돈을 마음에서부터 잘 다루면 복(福)이 되지만 잘못 다루면 독(毒)이 된다는 사실을 유념할 필요는 있겠다.

미안하다

앞 족발 하나면 될 것을
겨울 유혹 굴 무침을 더 시켜 미안하다
연 사흘 쏘맥 막걸리 포만하여
드러누운 위장에게 미안하다
너를 더 사랑하지 못해 미안하다

목살 하나면 될 것을
선홍빛 유혹 육회를 더 시켜 미안하다
밤 깊어가도록 만취하여
놓아버린 시간에게 미안하다
너를 더 잊지 못해 미안하다.

갓바위 부처

새해 들어 처음으로 갓바위에 올랐다. 정월 산바람 추위에도 갓바위 오르는 돌계단엔 사람들로 붐빈다. 갓바위는 대구의 주산(主山)인 팔공산의 동쪽 끝자락, 판석(板石) 같은 돌 갓을 머리에 쓴 풍채 좋으신 부처가 가부좌를 틀고 앉아 해 뜨는 먼 바다 쪽을 바라보고 있는 유명한 기도처여서 늘 북적인다.

우리는 참으로 많은 소망을 안고 살아간다. 가족의 건강, 사업의 번창, 자녀의 학업, 재물 운세, 사랑의 성취… 누구나 지성으로 기도하면 평생에 한 번은 소원을 들어준다는 효험의 명성 때문에 갓바위에는 전국에서 사람들이 모여드는 것이다. 우리나라에서 종교가 번성하는 것은 우리 민족의 의식구조 속에 깊게 자리한 기복의식(祈福意識) 때문이라고 한다. 종교마다 교리와 기복의 의미가 다르더라도 복을 비는 마음은 우리의 정서이다. 부처 앞에 엎드려 지성으로 절하는 사람들 틈에서 합장삼배를 한 후 산하를 신비스럽게 비추는 햇살을 안고 산을 내려온다.

갓바위 아래 선본사 입구에서 이웃을 만났다. 아들의 대학입학 기도를 드리러 왔다며 나에게 무슨 기도를 하러 왔냐고 묻는다. 특별히 무슨 기도를 가지고 온 것은 아닌데, 무엇을 빌었어야만 했던 것 같은 생각이 든다. 한 가지 소원만 기도하면 다른 소원들이 소중하지 않은 것 같고, 모든 것을 기도하면 소망들이 연기처럼 옅게 흩어져 버릴 것 같아 마음이 쓰이곤 하였다. 시험에 덕담을 건네고는 나는 선본사로 향한다.

선본사 돌 마루에 앉아 잠시 옛 생각을 들추어본다. 청년시절에 세상을 통찰할 수 있는 법문을 들을 것 같아 몇몇이 어울려 절을 찾았었다. 어차피 인과응보(因果應報)의 인연, 악행(惡行)으로 살면서 선과(善果)를 기도하면 이루어질까? 선행이 선과만을 낳으면 좋을 텐데 악과로 돌아오는 일들도 있다. 선심으로 돈을 빌려주고 사기를 당하는 일, 믿음을 준 사람에게 배신을 당하는 일, 고마운 사람을 자신의 목적을 위해 이용하는 일… 부정한 방법으로 부유하게 살거나 권모술수로 권세를 누리는 사람들을 주변에서 볼 수 있듯이 세상에는 선과 악의 인과가 어긋나는 일들도 많다. 다음 생애에는 윤회의 인과가 바로 잡힌다고 하니 그렇게 믿어볼 일이다.

법문하시던 스님은 혼탁한 세상에서 욕심을 버리고 자유로워져야 한다고 하였다. 재물의 욕심도 명예의 욕심도 버려야 한다고 했다. 그 때에도 말씀을 새기기가 버거웠는데, 살면서 보니 정말 버겁게 느껴질 때가 많았다. 처자식 부양하고 부모 봉양하며 남부럽지 않게 살려면 재물도 좀 있어야 하고 직장에서 높은 자리로 승진도 해야 하는데, 어떻게 물욕과 명예욕을 버릴 수 있을까? 스님이야 홀몸 하나 불도를 이루면 되지만 속인들은 스님처럼 살 수 없지 않은가?

   스님이 속세를 좀 헤아려서 올바른 방법으로 재물을 쌓고 명예도 얻을 수 있는 지혜를 주시면 좋을 텐데 하는 생각이 들기도 하였었다. 산사(山寺)를 내려가는 발걸음이 한결 가벼워야 할 텐데, 오히려 세속의 번민과 욕심을 한 줌도 덜지 못하는 자책의 무게만 더하여 오를 때보다 무겁다는 느낌이 들 때가 많았다. 다시 가다듬어 보면 불교의 이치를 제대로 모르니 부질없다는 생각에 자조하는 웃음이 나온다. 콩 심은 데 콩 나고 팥 심은 데 팥 난다는 자연의 이치를 선연선과(善緣善果)로 이어두며 세상사 지혜롭게 대처함이 중요하다는 것, 그리고 기도가 꼭 무슨 복을 달라는 것이라기보다 마음약속을 다지는 것 정도로 생각을 추슬렀다.

산자락 주차장에 부산과 울산지방의 버스가 유난히 많은 것은 갓바위 부처가 바라보는 방향이 동남쪽이기 때문이란다. 무량(無量)의 대덕(大德)이신 부처님이 방향으로 중생을 차별하지는 않으실 것 같은데… 과학기술도 발전하였으니 사방으로 돌아보시게 회전의자 같은 좌대에 모실 수도 있겠다는 생각에 설핏 웃음이 나온다. 내 안의 무엇이 좀 덜어졌는지 하산의 발걸음이 조금은 가볍다.

초파일 연등

부처님 오신다고 연꽃이
산으로 올라와 주렁주렁 피었다

마음 비우려 산사 가는 길
현수막엔 부처님처럼…

백팔배로 비운 마음자리에
나도 욕심 하나 대롱 달아둔다.

마지막 인상

 첫 인상이 중요하다고 한다. 모든 만남에는 시작과 끝이 있게 마련인데, 첫 만남에서의 인상은 흔히 사진의 원판처럼 고정화되어 그 후의 관계에 영향을 미친다. 일상의 경험에서 보아도, 처음 만남에서 인상을 좋게 받은 사람에게는 계속 호감을 갖게 되고 좋지 않은 인상을 받은 사람은 꺼리는 경향이 있는 것이다.

 인상을 갖게 되는 대상이 어디 사람뿐이랴. 처음 방문한 도시에 대하여, 처음 출근한 직장에 대하여, 처음 먹어본 음식에 대하여, 처음 사용한 물건 등 사람과 사물에 대하여 어떤 형태이든 인상을 갖게 된다. 우리의 삶에 영향을 주는 인상은 사람을 비롯해서 만나는 모든 것이다.

 그런데, 첫 인상에서 받은 이미지는 모두 정확한 것일까? 아마도 맞는 부분도 많겠지만 장담할 수는 없을 것 같다. 첫 인상도 시간이 지나면서 변하는 경우가 많기 때문이다. 첫 인상은 좋았으나 점점 나빠지기도 하고 그 반대인 경우도 있다. 진실한 사람인 줄 알았는데 나중에 보니 거짓말쟁이고, 배려심이 많은 사람인 줄 알았는데 이기적인 사람이고… 그래서 믿는 도끼에 발등을 찍히고 열 길 물속은 알아도 한 길 사람의 속은 모른다고 하였나 보다.

  사업을 하며 사람 때문에 낭패를 경험했던 한 친구는 첫 인상이 좋은 사람을 오히려 경계하게 된다고 한다. 남을 속여 이득을 보려는 사람들은 첫 인상을 좋게 한다고 믿게 된 그 친구의 말을 들으면 묘한 혼란이 일어난다. 그렇다고 일부러 인상을 나쁘게 할 수도 없는 일 아닌가. 그럼에도 불구하고 첫 인상이 중요하다는 생각을 쉽게 떨쳐 버릴 수 없다. 바쁜 현대사회에서 자주 만날 수 있는 사이가 아니면 사람들을 충분히 알고 판단할 만큼 시간이 여유롭지 못하다. 충분히 겪어볼 수 있는 시간과 경험의 여유가 있으면, 우리 사회에서 마음고생을 겪는 일들이 훨씬 줄어들 것이다.

  또한 사람들은 한 번 가진 인상에 대해 자꾸 그런 쪽으로 이미지를 강화하려는 성향이 있는 것 같다. 그래서 마치 터줏대감처럼 마음에 자리 잡은 인상을 바꾸는 것은 자신의 첫 판단이 잘못되었다고 자인하는 것처럼 느껴지기 때문일지도 모른다.

  그렇듯 첫 인상이 중요하다는 것을 인정하면서도 왠지 첫 인상에만 너무 무게를 두는 데에는 주저하게 된다.

첫 인상이 있다면 마지막 인상도 있지 않을까⋯ 마지막 인상은 어떨까. 첫 인상에 대한 얘기를 들을 때면 '처음'과 '끝'을 생각하게 된다. 우리는 흔히 '끝이 좋아야 한다'라고 말한다. 우수하게 입학했지만 좋지 않은 성적으로 졸업하는 학생, 매스컴에 떠들썩하며 결혼했지만 몇 년 지나지도 않아서 파경을 맞는 사람들, 젊어서 잘 나가던 사람이 생활 관리를 잘못하여 불행한 노년을 보내는 사람들을 본다. 처음보다 끝이 안 좋은 것이다. 그렇지만 처음 볼 땐 별로였는데 시간이 지날수록 진국인 사람이나 젊어서는 행실이 좋지 않고 고생하며 살았지만 늙어서는 바르고 여유롭게 사는 인생은 참 좋아 보인다.

인간관계의 천생연분을 생각하면, '운명적인 사랑이란 처음 만났을 때 이루어지는 것이 아니라 모든 것을 이겨내고 지켜내었을 때 비로소 운명적인 사랑이 되는 것'이라는 영화 〈너는 내 운명〉을 만든 박진표 감독의 말이 연상된다. 시작이 좋고 끝도 좋으면 가장 좋겠지만 현실적으로 그런 경우가 많지 않은 것 같아 시작은 여러 사정으로 다르더라도 끝매듭을 잘 짓도록 살아야 한다는 선현들의 충고에 마음의 귀를 기울이게 되는 것이다.

첫 인상이 좋은 것은 바람직한 일이다. 아울러 마지막

인상에 대해서도 관심을 가지면 좋겠다. 입학보다는 졸업할 때, 모임의 시작보다는 끝날 때, 여행을 떠날 때보다 돌아올 때, 음식의 첫맛보다 다 먹은 후의 뒷맛이, 앞모습보다 뒷모습이, 인생의 출발점보다 종착점이 중요한 것처럼 모든 일들의 끝매듭이 아름다워야 한다는 생각을 다시 들추어보는 것이다.

나무처럼 서서

숲에 어둠이 옵니다
별들에게 길을 만들어주어야 합니다
어둠이 없으면 별은 길을 잃거든요
어둠을 끌어당겨 별길을 열어줍니다

나무처럼 서서 하늘을 봅니다
바람이 불면 별들이 반짝이겠죠
가지마다 잎새가 돋아납니다
별들을 당겨 잎새마다 달아둡니다.